Max och meningen med livet

En liten filosofisk guide för den moderna kaffedrickaren

Alex P. Bronston

FSC
www.fsc.org
MIX
Papper från ansvarsfulla källor
Paper from responsible sources
FSC® C105338

Förlag: BoD · Books on Demand, Stockholm, Sverige
Tryck: Libri Plureos GmbH, Hamburg, Tyskland
ISBN: 978-91-8080-178-2
Omslag: Alex P. Bronston

Var du hittar vad i boken

Förord

Ingen bok är en ensam resa, och den här är inget undantag. När jag påbörjade det här projektet hade jag ingen aning om var det skulle ta mig – och jag kunde inte ha gjort det utan hjälp. Men istället för att söka råd från en traditionell mentor, fann jag vägledning i något nytt: ett digitalt bollplank, som jag har döpt till Zylon.

Zylon är en AI, en slags tänkande partner, som hjälpt mig strukturera, ifrågasätta och förfina mina idéer. Genom våra "samtal" har jag själv fått chansen att reflektera djupare över filosofins stora frågor och sätta dom i ett modernt sammanhang. Teknikens kraft förenad med mänsklig kreativitet har gett mig möjlighet att utforska ämnen som länge fascinerat mig, men som jag kanske inte vågat ta mig an på egen hand.

Författaren Richard Bach skrev en gång: "You teach best what you most need to learn." Den tanken speglar mig. Jag studerade en gång till präst men valde av olika skäl, så småningom, en annan, mer profan karriär. Trots det har längtan efter själslig frihet och funderingarna kring de stora livsfrågorna följt mig genom livet. Och nu, i den här lilla boken, har jag fått chansen att dela frågor och reflektioner med dig, kära läsare.

Den här boken är inte en lista över färdiga svar, utan en liten resa i filosofins värld – där istället frågor öppnar dörrar till nya perspektiv. Jag hoppas att du, precis som jag, kan finna inspiration, bli nyfiken och kanske hitta några livslinor att hålla fast vid i den till synes förvirrade världen vi lever i.

Låt oss utforska hur vi kan utvecklas till att bli våra bästa jag – en klunk latte och en tanke i taget.

Med värme och tacksamhet,

Alex P. Bronston

Inledning.

Max levde ett liv många skulle kalla en fri dröm. Som digital nomad kunde han arbeta från nästan vilken plats som helst – en strand, ett berg, eller som nu, ett litet kafé i stan där doften av kaffe blandades med bakgrundssorlet från andra frilansare. Han försörjde sig som copywriter, skrev reklamtexter och SEO-artiklar som företag beställde för att sälja produkter till människor han aldrig träffade.

Jobbet gav honom frihet, men också en gnagande tomhet. För även om han kunde arbeta var han ville, frågade han sig ibland varför han gjorde det. Varje latte han beställde på nya kaféer kändes som ett försök att fylla något mer än bara en fysisk hunger. Han var inte olycklig, men när han satt med sin laptop, ensam på ännu ett nytt ställe, sipprade en lätt existentiell kris in – varför gick han egentligen upp på morgonen? Vad gjorde hans texter annat än att skapa ett hav av ytliga klick och ännu fler varor? Vad var poängen med att alltid försöka skaffa det senaste? Och hur kom det sig att allt detta inte kändes som tillräckligt?

En torsdag förmiddag i oktober, medan Max satt på sitt vanliga kafé och väntade på sin beställning, förändrades allt. En barista, som såg ut att vara dubbelt så gammal som Max själv och med en mycket genomträngande blick, stannade till vid bordet. Med en latte i handen och ett stort, nästan avslappnat leende, presenterade han sig som Epic Filos. Med en teatralisk rörelse satte han ner latteskummet – som för övrigt var perfekt – och sa:

"Jag är här för att hjälpa dig att förstå vad du egentligen gör här i livet."

Max himlade med ögonen. "Jag beställde en latte, inte en livscoach."

Men Epic log bara bredare. "Ah, men ibland är en latte början på något större. Max rynkade pannan och såg sig omkring, osäker på om baristan skämtade eller om han faktiskt menade allvar. "Okej… visst," sa Max och sträckte sig efter sin latte, ivrig att avsluta det något obekväma samtalet. Han nickade snabbt, mumlade något om att han hade bråttom och vände sig sedan bort. Epic nickade förstående, vände på sig och gick tillbaka till baren.

Men trots sin något irriterade reaktion kunde han inte riktigt släppa det Epic sagt. När han senare gick hemåt snurrade orden runt i huvudet, som små envetna frön som sått sig i hans tankar. "Vad menade han egentligen med att hjälpa mig förstå vad jag gör här i livet?" Max försökte vifta bort det, men fann sig återkomma till det korta samtalet flera gånger under kvällen. Hade Epic Filos svar på de stora frågorna han ställt sig så ofta?

Kapitel 1: Vad är meningen med livet?

Dagen efter det oväntade mötet kunde Max fortfarande inte riktigt släppa tanken på den märkliga baristan. Han hade lämnat kaféet snabbt, med en lite underlig känsla i magen, men samtalet hade satt sig fast i honom. Under kvällen återkom han gång på gång till den där frågan: *Vad menade han egentligen med att hjälpa mig förstå vad jag gör här i livet?*

När han vaknade nästa morgon var det första han tänkte på orden från i förrgår. Så trots att han vanligtvis inte gick till sitt favoritkafé varje dag, bestämde han sig själv för gå tillbaka till det redan denna dagen. Han försökte intala sig att det bara var av bekvämlighet – men egentligen ville han bara se om Epic skulle vara där igen.

När Max steg in på kaféet möttes han av doften av nybryggt kaffe och ett lätt sorl från de andra gästerna. Och mycket riktigt, bakom disken stod Epic , med samma avslappnade leende och vänliga utstrålning som dagen innan. Max slog sig ner vid sitt vanliga bord, men innan han ens hann beställa såg han baristan komma gående med en kopp latte i handen.

"Max, eller hur?" sa Epic och placerade koppen framför honom.

Max stirrade förvånat. "Ja… hur visste du det?"

Epic log och ryckte på axlarna. "Låt oss bara säga att jag är bra på att läsa människor."

Max kände sig både förbryllad och lite road. "Så… vad är din grej, egentligen?"

Epic lutade sig framåt och log lite gåtfullt. "Min grej är att hjälpa människor att tänka. Förstå sig själva. Förstå vad de gör här."

Max höjde ett ögonbryn. "Okej... och hur gör du det?"

Epic tog en klunk av sin egen kaffe och lutade sig tillbaka. "Genom att ställa frågor. Stora frågor. Sådana som de flesta undviker – "De är lite grann som en ny maträtt på menyn. Det kanske är något man tvekar inför, men som öppnar upp helt nya perspektiv när man väl provar"

Max kunde inte låta bli att skratta, trots att han egentligen inte hade tänkt göra det. Han kände sig fortfarande skeptisk men ändå märkligt fascinerad. "Okej då. Jag antar att jag inte har något bättre för mig. Vad är den första frågan?"

Epic såg honom djupt i ögonen, som om han vägde något osynligt. "Vi börjar med en enkel fråga – en fråga som har gäckat människan i tusentals år: Vad är meningen med livet?"

Max stirrade ner i sin latte, som om svaren på alla livets stora frågor kanske gömde sig under det perfekt skummade lagret av mjölk. "Så… meningen med livet, eller?" sa Max och höjde ett ögonbryn mot Epic. "Inget litet ämne att börja med."

Epic log och lyfte sin egen kopp, som om det var det mest självklara samtalsämnet i världen. "Inget att oroa sig för, Max," sa han. Det är det fina med filosofi," sa Epic. "Vi behöver inte *veta* något – vi behöver bara vara villiga att undersöka. Så varför inte börja med någon som älskade att ställa frågor? Låt mig introducera dig för en person som visste mer om att inte veta än de flesta: Sokrates."

Och därifrån började deras första filosofiska "fika", en resa in i frågornas och idéernas värld, där svaren kanske inte alltid var vad man förväntade sig – men där varje fråga var ett steg närmare något större.

Max lutade sig bakåt och suckade. "Jag har hört talas om honom. Filosofen som aldrig skrev något själv och bara ställde frågor tills folk fick panik?"

Epic nickade. "Precis. Sokrates trodde att om vi inte ställer oss själva de rätta frågorna, kommer vi aldrig komma närmare sanningen. Men hans mål var inte att ge raka svar, utan att väcka en inre process. Att leva ett 'outforskat liv', sa han, var inte värt att leva."

Max tog en klunk och såg skeptisk ut. "Så… meningen med livet är att… ställa frågor?"

Epic skakade roat på huvudet. "Inte riktigt. Det handlar om att gräva i oss själva och försöka förstå vad vi egentligen värdesätter. Se det som en sorts inre kompass. Men Sokrates menade att vi ofta rusar genom livet utan att stanna upp och fundera på varför vi gör saker. Vi är som zombies som bara följer vad vi tror att vi borde göra."

Max ryckte på axlarna. "Så det räcker med att ifrågasätta allt för att hitta meningen?"

"Det är en början," sa Epic. "Men det är här hans elev Platon kommer in i bilden." Han sträckte fram sitt glas och knackade försiktigt på Max kopp. "Har du hört talas om Platons grottliknelse?"

Max skakade på huvudet och lutade sig lite framåt, oväntat nyfiken.

Epic lutade sig tillbaka, som om han förberedde sig för att berätta en gammal saga. "Föreställ dig en grupp människor som sitter fastkedjade i en grotta. De har varit där hela sina liv och kan bara se en vägg framför sig. Bakom dom finns en eld, och mellan elden och dom går folk fram och tillbaka och bär på olika föremål. Fångarna kan inte se de verkliga föremålen – bara skuggorna som projiceras på grottväggen framför dom."

Max såg skeptisk ut men var fortfarande märkbart intresserad. "Så... de ser bara skuggor? Och det är deras enda verklighet?"

"Exakt," svarade Epic och nickade långsamt. "För dom är skuggorna på väggen allt som existerar. De har aldrig sett den verkliga världen utanför grottan. Om någon av fångarna plötsligt fick friheten att lämna grottan och se världen som den är, skulle han inse att allt han trott på bara var en blek spegling – skuggor av den verkliga världen."

Max lutade sig tillbaka och funderade över detta. "Så... poängen är att vi människor också lever i en sorts grotta? Att vi bara ser skuggor av verkligheten?"

"Precis så!" Epic slog ut med händerna. "Platon menade att de flesta av oss lever fast i våra egna begränsade perspektiv. Vi ser bara de ytliga sanningarna, de skuggor som projiceras av våra sinnen och omgivningar. Men om vi skulle våga bryta oss loss och börja söka efter det som ligger bakom skuggorna, skulle vi kanske få en glimt av den djupare verkligheten."

Max stirrade ner i sin latte och lät tankarna flyga. "Så... meningen med livet är att bryta sig ur sin egen grotta? Att försöka se något mer än bara skuggor?"

Epic log och nickade. "Just det. Platon kallade det här för 'idévärlden' – en plats där de rena, sanna versionerna av allt existerar. För honom var meningen med livet att söka efter sanningen, skönheten och det goda. Att försöka förstå världen på djupet, bortom det vi bara antar och tar för givet."

Max ryckte på axlarna, fortfarande skeptisk men lite mindre cynisk än tidigare. "Och hur skulle man göra det, egentligen? Jag menar, vi är ju fast här i vår 'grotta', eller hur?"

Epic tog en eftertänksam klunk av sitt kaffe och nickade långsamt. "Ja, det är inte lätt. Men Platon menade att det första steget är att börja ifrågasätta det vi ser och hör. Precis som du gör nu – fundera på vad som ligger bakom det uppenbara. Kanske är världen större och mer komplex än den verkar."

Max satt tyst en stund, funderade, och sneglade sedan upp mot Epic. "Så allt det här – jakten på sanning, bryta sig ur grottan... det låter ju fint, men hur vet vi att det är värt att sträva efter? Varför ska vi bry oss?"

Epic log lite och lutade sig framåt igen. "För att, Max, om vi aldrig försöker se världen som den är, lever vi hela våra liv i en illusion. Och kanske, bara kanske, är det den insikten som ger livet en större mening."

Han tog en sista klunk av sitt kaffe och såg Max rakt i ögonen. "Här är min utmaning till dig: försök att se bortom skuggorna i ditt eget liv. Titta på dina rutiner, dina val, det som känns självklart – och fråga dig själv om det verkligen är allt som finns, eller om det döljer sig något mer där bakom."

Max nickade långsamt, som om orden började sjunka in. Kanske var det värt att tänka över, kanske inte. Men han kände ett pirr av nyfikenhet. Och det var något han inte känt på länge.

Tankevila

Sokrates menade att ett liv som inte undersöks inte är värt att leva. Så innan vi går vidare, ta ett ögonblick att låta tankarna stilla sig: Finns det något i ditt liv som du ännu inte ifrågasatt? Någon vana eller tanke som kanske har mer djup än du trott? Låt tanken vila där en stund.

Fundering: "Att ifrågasätta vanan"

Om du känner för det, ta en stund senare för att ifrågasätta en liten vana du har. Vad ger den dig egentligen? Fundera över vad du upptäcker.

Kapitel 2: Är allt bara en illusion?

När Max återigen satte sig vid sitt vanliga bord på kaféet nästa dag, var det med en märklig blandning av nyfikenhet och skepsis. Samtalet med Epic dagen innan hade väckt något i honom, något han inte riktigt kunde definiera. Det var som om han hade börjat se på världen med lite andra ögon, även om han fortfarande inte var säker på om det var på grund av en verklig insikt eller om det bara var att han mött en ovanlig barista.

Nästan som på beställning dök Epic upp vid hans bord, denna gång med två rykande koppar kaffe. "Redo för nästa fråga, Max?" frågade han med ett lurigt leende.

Max log snett. "Så länge du inte drar in fler grottor eller skuggor, så visst."

Epic skrattade och satte sig. "Lugnt. Idag tänkte jag i stället fråga: Hur vet vi att något är verkligt?"

Max höjde ett ögonbryn. "Inte ens börjat än och redan över min intellektuella nivå."

"Det är där René Descartes kommer in," svarade Epic. "Han ville ha en säker grund att bygga all kunskap på, något obestridligt. Så han började med att ifrågasätta precis allt. Hur kan vi verkligen veta något – våra sinnen, världen omkring oss – om allt kan vara en illusion?"

Max tog en klunk kaffe, märkbart intresserad trots sin skeptiska min. "Så… han trodde att vi kanske lever i en dröm?"

"Ja, precis," sa Epic. "Han funderade på om allt vi upplever bara är en illusion. Tänk dig att hela vårt liv är en dröm eller en simulering. Men han fann till slut en sak han inte kunde tvivla på: det faktum att han tvivlade. Och om han tvivlade, så måste han finnas på något sätt – som en tänkande varelse."

Max nickade långsamt och stirrade ner i sin kopp. "Så… 'Jag tänker, alltså finns jag' var hans slutgiltiga sanning?"

"Precis," sa Epic. "Det blev hans fasta punkt i en värld av osäkerhet. Men det öppnar också upp för en intressant tanke: Om vi bara kan vara säkra på att vi tänker, vad betyder det för allt annat? Kan vi någonsin vara säkra på vad som är verkligt?"

Max kände ett pirr av oro, som om någon drog undan mattan under honom. "Så allt jag ser och hör kan vara falskt?"

Epic nickade långsamt. "Ja. Men Descartes menade att vi i den insikten kan finna en slags frihet. Om vi inte är bundna till våra sinnen, kan vi försöka se bortom dom – upptäcka vad som verkligen har betydelse, vad som känns verkligt för oss."

Max satt tyst en stund och funderade på allt Epic hade sagt. "Men… jag förstår fortfarande inte riktigt hur det här hänger ihop med mitt liv. Jag menar, det är en intressant tanke att ifrågasätta allt, men om jag tvivlar på allt omkring mig varje dag, skulle jag ju bli tokig."

Epic log och nickade. "Bra poäng. Att ifrågasätta allt hela tiden är förstås inte praktiskt. Men tänk på det här sättet: vad skulle hända om vi i stället ifrågasätter de delar av verkligheten som vi tar mest för givet? Som till exempel… vår bild av oss själva."

Max såg tveksam ut. "Okej… vad menar du?"

"Ta sociala medier som exempel," sa Epic. "Vi skapar profiler, vi lägger upp bilder, vi visar världen en version av oss själva som vi vill att andra ska se. Men är det verkligen vi? Eller är det en sorts skugga av vårt sanna jag? Precis som fångarna i Platons grotta ser vi ofta bara skuggor – och på sociala medier blir det lätt att tro att skuggorna är allt som finns."

Max tog en klunk av sitt kaffe och nickade långsamt. "Så… du menar att vi själva lever i en illusion, en sorts 'digital grotta' där vi bara ser det som vi vill visa upp?"

"Precis!" svarade Epic entusiastiskt. "Sociala medier kan fungera lite som en spegel som bara visar en del av verkligheten. Och om vi börjar ifrågasätta den, kanske vi upptäcker att mycket av vad vi tror är sanning egentligen är ganska ytliga konstruktioner."

Max skrattade till. "Så… jag borde tvivla på mina selfies?"

Epic skrattade tillbaka. "Ja, om du vill! Men tvivlet behöver inte handla om att ifrågasätta varje detalj, utan snarare om att tänka djupare. Fråga dig själv: vem är jag, när jag inte filtrerar och redigerar? Hur mycket av min identitet är byggd på yttre förväntningar och vad jag vill att andra ska se?"

Max funderade ett ögonblick på detta. "Så Descartes ville ha en fast punkt att bygga på – något som verkligen var sant. Du menar alltså att jag kan använda samma metod i mitt eget liv för att förstå vem jag egentligen är, bortom alla yttre lager?"

"Exakt," sa Epic och lutade sig tillbaka med ett nöjt leende. "Descartes kanske är gammalmodig, men hans tankar om tvivel är fortfarande högst relevanta. När vi ifrågasätter vad som verkligen är sant i våra liv, om än bara ibland, ger vi oss själva chansen att leva mer autentiskt – att komma närmare vårt sanna jag."

Max kände en oväntad våg av klarhet. "Så kanske är det inte så dumt att tvivla då och då. Kanske har jag aldrig tänkt så mycket på vad som är min egen sanning, bortom allt brus."

Epic nickade. "Det är en bra start, Max. Descartes började med att tvivla på världen omkring sig, och i slutändan upptäckte han något djupt personligt. Om du är villig att ifrågasätta lite mer, kanske du också upptäcker något du aldrig tidigare sett."

"Här är vad jag vill att du ska göra idag, Max: ifrågasätt något som du annars tar för givet. Kanske din dagliga rutin, kanske en tro du har. Ställ dig själv frågan: *Hur vet jag att detta är sant?* Det handlar inte om att hitta ett slutgiltigt svar, utan om att öppna upp ditt sinne för nya perspektiv."

Tankevila

Descartes föreslog att vi ifrågasätter allt – att vi inte tar något för givet, inte ens det mest självklara. Så innan vi går vidare, ta ett ögonblick och låt tankarna vandra: Vad i ditt liv tar du för givet? Finns det något som kanske inte är så självklart som du trott? Låt tanken vila där ett slag."

Fundering: "Att ifrågasätta det självklara"

Om du känner för det, ta dig tid senare idag att välja något i ditt liv som du ser som självklart. Tänk sedan: Vad om det inte var sant? Hur skulle det förändra din syn på ditt liv?

Kapitel 3: Är lycka målet?

Max hade nu börjat se fram emot sina samtal med Epic. Det kändes som om hans dagar fylldes med en ny energi och en gnista av mening. Men efter samtalet om tvivel dagen innan, kände han sig ändå en smula vilsen. Varför ifrågasätta allt? Om livet är en ständig jakt på svar, vad finns det egentligen kvar att sträva efter?

När han steg in på kaféet och satte sig vid sitt vanliga bord, var Epic redan där, som om han väntat på honom. Epic log brett och satte fram en kopp kaffe. "Så, Max, vad står på schemat idag?"

Max lutade sig tillbaka och suckade. "Jag har tänkt på allt vi pratat om, och det är som om jag inte blir klokare av det. Vad är poängen med allt det här? Är det inte meningen att livet ska vara... lyckligt?"

Epic log och nickade eftertänksamt. "Ja, lycka är något som många filosofer har funderat över. Men lycka betyder olika saker för olika tänkare. Låt oss börja med Epikuros, en filosof som trodde att nyckeln till ett bra liv var njutning."

Max ryckte på axlarna. "Njutning låter ju ganska simpelt. Är det verkligen hela grejen?"

Epic skrattade. "Epikuros talade om njutning, men inte på det sättet vi ofta tänker oss det idag. Han menade inte att vi skulle jaga lyx och överflöd. Tvärtom – han trodde att sann lycka kommer från enkelhet och inre frid, från att befria sig från onödiga begär."

Max såg fundersam ut. "Så... han menade att man ska undvika överdrifter och hålla det enkelt?"

"Exakt," svarade Epic. "Epikuros menade att om vi fokuserar på grundläggande behov – som vänskap, enkel mat och ett tryggt liv – så når vi en stabil och hållbar lycka. Han såg njutning som frånvaron av smärta, både kroppsligt och själsligt. För honom var det viktigare att undvika lidande än att jaga konstant njutning."

Max lutade sig tillbaka och funderade ett ögonblick. "Okej, jag kan se poängen. Men om man aldrig söker efter något större, blir det inte tråkigt då? Jag menar, livet utan mål känns lite… meningslöst."

Epic nickade och log. "Det är en vanlig fråga. Epikuros menade inte att vi aldrig ska söka mål eller upplevelser, men att vi bör vara försiktiga så att de inte leder oss till mer lidande än lycka. Han trodde att det ofta är våra egna begär som gör oss olyckliga. Vi vill alltid ha mer – mer pengar, mer status, fler saker. Men när vi uppnår de målen, är vi ofta fortfarande inte nöjda."

Max nickade långsamt, som om något började klicka. "Så hans poäng är att om vi lär oss vara nöjda med mindre, kanske vi faktiskt blir lyckligare?"

"Precis," sa Epic. "Han kallade detta för en 'nykter lycka'. En stabil, tillfredsställande lycka som inte fladdrar hit och dit beroende på omständigheterna. Epikuros trodde att lycka är att uppskatta det enkla, att njuta av nuet och att släppa de saker vi inte kan kontrollera."

Max skakade på huvudet och log lite för sig själv. "Det känns både klokt och… lite frustrerande. Vi lever i ett samhälle där man alltid förväntas sträva efter mer. Mer pengar, bättre jobb, fler ägodelar."

Epic log, som om han förstod precis. "Det är här Aristoteles kommer in i bilden. Han höll med om att lycka är viktigt, men han såg det på ett annat sätt. Han trodde att lycka, eller *eudaimonia*, inte är något vi når genom att bara undvika smärta eller leva enkelt. För honom handlade det om att nå sin fulla potential som människa."

Max höjde ett ögonbryn. "Och hur gör man det?"

"Aristoteles menade att vi blir lyckliga genom att leva dygdigt," förklarade Epic. "Det innebär att vi lever i balans och gör vårt bästa för att utvecklas. Han kallade det för 'den gyllene medelvägen' – att undvika både överdrift och brist. Att hitta ett jämviktstillstånd där vi lever harmoniskt med både oss själva och andra."

Max såg skeptisk ut. "Det låter som om man ska vara en perfekt människa hela tiden. Det verkar omöjligt."

Epic skrattade och skakade på huvudet. "Det handlar inte om att vara perfekt, Max. För Aristoteles var lycka en process, inte ett mål. Det var något vi skapar genom våra handlingar och våra val. Vi bygger den genom att sträva efter balans, genom att förstå våra egna styrkor och svagheter och genom att ständigt försöka förbättra oss."

Max stirrade på honom och tog en djup klunk av sitt kaffe. "Så, han menar att lycka inte är något man 'får', utan något man 'gör'?"

"Precis," sa Epic och lutade sig tillbaka. "För Aristoteles är lycka inte en snabb lösning eller en känsla som kommer och går. Det är ett sätt att leva på. Något vi aktivt bygger upp varje dag, och som växer med oss ju mer vi engagerar oss i det."

Max funderade ett ögonblick och nickade långsamt. "Så kanske är det inte meningen att vi ska 'bli' lyckliga, utan att vi ska lära oss hur vi kan leva lyckligt?"

"Ja," sa Epic med ett leende. "Lycka är ett hantverk. Något vi formar genom vår strävan att leva ett balanserat, dygdigt liv. För både Epikuros och Aristoteles är lycka inte en produkt vi kan köpa, utan en konsekvens av de val vi gör varje dag."

Max satt tyst och kände hur en känsla av klarhet sakta växte inom honom. Kanske handlade det inte om att hitta någon fulländad lycka, utan om att förstå vad som gav livet värde och betydelse – att lära sig uppskatta det enkla och att ständigt försöka leva så autentiskt som möjligt.

Tankevila

Aristoteles och Epikuros hade olika syn på lycka. För Aristoteles var det att leva ett liv i balans, medan Epikuros såg det i små, enkla glädjeämnen. Ta en stund att fundera: Vad är lycka för dig? Är det något stort och långsiktigt, eller finner du den i de små ögonblicken i vardagen?

Fundering: ”Lycka i Stort och Smått”

Om du känner för det, reflektera över vad som gör dig lycklig i livet. Vad ger dig en känsla av balans, och vad är små, enkla glädjeämnen?

Kapitel 4: Frihet och ansvar.

Max satt vid sitt vanliga kafébord och stirrade ut genom fönstret. De senaste samtalen med Epic hade varit tankeväckande – på gott och ont. Han började känna att frågor han aldrig funderat på tidigare nu hängde i luften som små dimmoln, och han kunde inte riktigt skaka av sig dom. Så när Epic dök upp med sitt breda leende och sin baristautstyrsel på plats, kunde Max inte låta bli att sucka och le lite.

"Redo för dagens ämne, Max?" frågade Epic och slog sig ner.

Max skrattade trött. "Jag vet inte om 'redo' är rätt ord. Men visst, varför inte?"

Epic lutade sig framåt, med ögonen fulla av förväntan. "Idag tänkte jag att vi kunde prata om frihet – eller rättare sagt, vad det innebär att vara fri. Har du hört talas om existentialismen?"

Max skakade på huvudet. "Jag tror inte det. Eller vänta… är det inte något med att livet är meningslöst?"

Epic log med ett litet skratt. "Det är en del av det, ja. Men låt oss börja med Jean-Paul Sartre, som menade att friheten vi har är både en gåva och en börda. Vi är fria att välja vad vi vill göra, men den friheten innebär också att vi bär hela ansvaret för våra val."

Max såg förbryllad ut. "Så… frihet är inte bara något bra?"

"Precis," svarade Epic. "Sartre kallade det för 'existentiell ångest'. Vi är fria, men med den friheten kommer ett ansvar som många av oss kanske inte är redo för. Varje val vi gör definierar oss som personer. Sartre sa att vi är 'dömda till frihet' – att vi inte kan fly undan vårt ansvar för våra val, oavsett hur obekvämt det kan kännas.”

Max rynkade pannan och tog en klunk kaffe. “Det låter ju inte så kul. Så Sartre menade att vi själva bär ansvaret för allt vi gör, oavsett vad?”

“Ja, exakt,” sa Epic och nickade allvarligt. “För Sartre handlade livet om att skapa mening genom sina val. Han trodde inte på en förutbestämd mening eller att vi har någon fast essens från födseln. I stället menade han att ‘existensen föregår essensen’ – att vi först existerar, och sedan skapar vi oss själva genom våra handlingar.”

Max suckade och såg ut genom fönstret. “Så om jag väljer att… säg, byta jobb eller flytta till en ny stad, så är det mitt val som definierar vem jag är?”

“Precis,” sa Epic. “Och det är ett stort ansvar. För varje val du gör påverkar inte bara dig själv, utan kan också påverka andra. Sartre menade att vi har ett ansvar inför mänskligheten som helhet – att våra val sätter ett exempel, nästan som en mall för hur vi tror att andra också borde leva.”

Max stirrade ner i sitt kaffe, tyst för ett ögonblick. “Så… det är nästan som om Sartre säger att jag inte bara lever för mig själv?”

“Ja, det kan man säga,” svarade Epic. “Han kallade det ‘den andres blick’. Vi kan inte undvika att bli sedda av andra och bedömda genom deras ögon. Och det kan kännas som en tung börda, men det är också en påminnelse om att vi är sammanflätade med världen omkring oss.”

Max log snett. “Jag trodde frihet handlade om att göra vad man vill, utan att tänka på andra.”

“Det är en vanlig uppfattning,” sa Epic med ett leende. “Men för Sartre var friheten inte en flykt från ansvar, utan en djupgående påminnelse om att vi är ansvariga för våra egna liv och för de värderingar vi lever efter. Den friheten är något vi inte kan fly undan, och det är den som gör oss till de vi är.”

Max tog en djup klunk av sitt kaffe och funderade. “Det är lite skrämmande… men också fascinerande. Så vad händer om vi försöker fly från det ansvaret?”

“Då ägnar vi oss åt det Sartre kallade för ‘självbedrägeri’,” svarade Epic. “Att förneka vår frihet och vårt ansvar är ett sätt att försöka slippa undan den ångest som kommer med existensen. Men i längden gör det oss bara mer olyckliga. Sartre menade att för att leva autentiskt måste vi acceptera vår frihet, hur obekväm den än är.”

Max stirrade ut genom fönstret och såg på människor som gick förbi. “Så… det finns inget rätt sätt att leva, bara olika val? Och de valen är mitt ansvar?”

“Exakt,” sa Epic och lutade sig tillbaka. “Det är därför Sartres filosofi kan vara både skrämmande och befriande. Vi har makten att skapa vår egen mening, men det betyder också att vi inte kan skylla på någon annan. Det är vi själva som skapar våra liv – genom varje beslut vi tar, varje väg vi väljer.”

Max satt tyst ett ögonblick, och sedan bröt han ut i ett skratt. “Så här sitter jag och får existentialistisk ångest över en kopp kaffe… Tack för det, Epic.”

Epic skrattade med. “Det är en del av resan, min vän. Och kom ihåg – att acceptera ansvaret för ditt liv kan vara tungt, men det ger dig också friheten att forma ditt eget öde.”

Tankevila

Sartre menade att frihet inte bara är en rättighet utan ett ansvar – varje val formar vem vi blir. Innan vi går vidare, ta ett ögonblick att reflektera: Vilka val har du gjort som format den du är idag? Finns det val du skulle göra annorlunda om du kunde?

Fundering: ”Val och Ansvar”

Om du känner för det, fundera över ett val du gjort nyligen. Hur påverkade det dig, och vad säger det om vad du värderar?

Kapitel 5: Moral och att göra det rätta.

Nästa dag satt Max i vanlig ordning vid sitt kafébord och väntade på Epic. Trots att han lärt sig mycket under de senaste samtalen kände han sig fortfarande vilsen. Filosofiska resonemang om frihet, ansvar och meningen med livet hade gett honom en mängd nya perspektiv, men också en hel del frågor.

Precis som han började undra om dagens samtal kanske skulle ta honom närmare svaren, dök Epic upp, leende och med en kopp kaffe i handen.

“Redo för nästa utmaning, Max?” frågade han och satte sig ner mittemot.

“Jag vet inte om ‘redo’ är rätt ord längre,” svarade Max med ett trött leende. “Men kör på, jag har överlevt hittills.”

Epic skrattade. “Bra inställning! Idag ska vi prata om moral. Hur vet du att du gör rätt i de val du gör? Hur vet du att dina handlingar är moraliskt riktiga?”

Max rynkade pannan. “Jag antar att det handlar om att vara en god människa? Att göra saker som inte skadar andra?”

“Ja, men hur definierar vi ‘god’?” frågade Epic. “Vad är det som gör en handling moraliskt riktig? Det är där Immanuel Kant kommer in i bilden. Han hade en tanke om att moral inte handlar om vad vi känner, utan om principer som kan gälla för alla.”

“Så… moral är universell?” Max såg tveksam ut.

“Exakt,” sa Epic och lutade sig framåt. “Kant menade att vi ska handla enligt vad han kallade det ‘kategoriska imperativet’. Det är en princip som säger att vi ska agera på ett sätt som vi skulle vilja se som en allmän lag – att vi kan stå för att alla andra skulle göra samma sak.”

Max nickade långsamt, försökte förstå. “Så det betyder att om jag gör något, borde jag vara okej med att alla andra gör det också?”

“Precis,” sa Epic. “Tänk på det som en fråga om konsekvens och rättvisa. Om du till exempel bestämmer dig för att det är okej att ljuga för att slippa undan något obehagligt, då måste du också vara beredd på att alla andra ska kunna ljuga på samma sätt. Men om du handlar enligt det kategoriska imperativet, skulle du fråga dig själv: ‘Kan jag vilja att alla alltid ska ljuga för att det är bekvämt för dom?’ Förmodligen inte.”

Max funderade över detta och tog en klunk av sitt kaffe. “Så… Kant menade att vi ska tänka på våra handlingar som exempel för andra?”

“Ja,” sa Epic med ett leende. “För Kant handlar moral om att vara konsekvent och rättvis. Han trodde inte att vi skulle handla utifrån känslor eller egenintresse, utan att vi borde göra det som är rätt för alla, även om det innebär en uppoffring för oss själva. Vi ska handla som om våra handlingar är regler för hela mänskligheten.”

Max skakade på huvudet och skrattade lite. “Så jag ska alltid tänka på vad som är rätt för mänskligheten, även om det bara handlar om en liten sak, som att plocka upp skräp på gatan?”

“Ja, i princip,” svarade Epic och log brett. “För Kant var varje handling betydelsefull. Han skulle säga att om vi alla agerade med omtanke och ansvar, även i små saker, så skulle världen bli en mer rättvis plats.”

Max himlade med ögonen. “Det låter lite… extremt, om jag ska vara ärlig. Jag kan knappt föreställa mig att tänka så varje gång jag gör något.”

“Det kan kännas så,” sa Epic, “men Kants idé var att vi inte ska göra undantag för oss själva. Han trodde att vi måste följa moralens lagar som om de var lika bindande som naturlagarna. Moral är inget vi kan ‘stänga av och på’. Om vi vill leva rättvist och ansvarsfullt, är det något vi gör i varje val, även de små.”

Max tänkte efter en stund. "Men om det inte handlar om att må bra av det... varför gör vi det då?"

Epic log igen. “För Kant handlade det om plikt. Han trodde att moraliska handlingar har värde i sig själva, oberoende av hur de får oss att må. Att göra något moraliskt rätt är värdefullt för att det är rätt – inte för att det nödvändigtvis ger oss belöning eller njutning.”

Max lutade sig bakåt och såg fundersam ut. “Så Kant menade att även om jag gör något gott som ingen någonsin kommer veta om, så är det ändå moraliskt värdefullt?”

“Exakt!” sa Epic och nickade ivrigt. “För Kant spelar det ingen roll om någon ser dig eller om du får erkännande. Det som är viktigt är att du vet att du gjorde det rätta, enligt principen att du skulle vilja att alla agerade på samma sätt.”

Max skrattade. “Så jag kan tänka på Kant nästa gång jag håller upp dörren för någon, även om de inte ens säger tack?”

“Det kan du definitivt,” sa Epic och skrattade med. “Men Kants moral går djupare än bara vänliga handlingar. Den utmanar oss att tänka över våra djupaste värderingar och att agera på ett sätt som reflekterar vad vi vill att världen ska vara. Det är ingen lätt väg att följa, men det är en som leder till äkta rättvisa och respekt.”

Max nickade långsamt. “Så… det är som att skapa en moralisk standard för sig själv och hålla fast vid den, oavsett vad?”

“Ja,” sa Epic. “Och det är där det blir intressant. Kant utmanade oss att göra det som är rätt även när det inte är enkelt, bekvämt eller belönande. Och han trodde att genom att göra det, skulle vi också hitta en djupare form av mening i livet.”

Tankevila

Kant talade om att agera utifrån universella principer, att handla på ett sätt som skulle kunna gälla för alla. Fundera en stund: Vad betyder det för dig att göra det rätta? Är det att följa dina egna övertygelser, eller finns det universella regler som alltid borde följas?

Fundering: ”Att Göra Det Rätta”

Om du känner för det, ta dig tid att tänka över en gång du följde ditt eget samvete. Hur kändes det, och vad lärde det dig om dina egna värderingar?

Kapitel 6: Vad är verkligt viktigt?

Max hade börjat inse att hans rutinmässiga kafébesök hade förändrats. Det var inte längre bara en plats för kaffe; det var en plats för att utforska något som gått honom förbi så länge – meningen med tillvaron. Han hade knappt öppnat dörren till kaféet innan han sökte Epic med blicken. Epic, som för stunden höll på att hälla upp en cappuccino bakom disken, såg honom och nickade snabbt.

“Ge mig en minut,” ropade han över det milda sorlet i kaféet.

Max slog sig ner, såg sig omkring och insåg att han verkligen väntade på vad Epic skulle dela med sig av idag. Han funderade över de tidigare samtalen, och just när han började formulera en ny fråga dök Epic upp med en kopp kaffe och sitt karakteristiska leende.

“Hej Max,” sa han och satte sig ner, för en gångs skull utan sin vanliga baristautrustning. “Redo för dagens tankeexperiment?”

Max log. “Det känns nästan som att det här blivit en del av min dagliga rutin nu.”

Epic skrattade. “Kanske är det ett tecken på att du är redo för att höra vad stoikerna hade att säga. Idag ska vi prata om vad som verkligen är viktigt i livet – en fråga som Epiktetos, Seneca och Marcus Aurelius grubblade mycket över.”

Max lyfte sitt kaffe till munnen, skeptisk men intresserad. “Vad menar du med ‘verkligt viktigt’? Är det inte en ganska subjektiv fråga?”

“Jo, det är subjektivt,” svarade Epic, “men stoikerna hade en tanke om att vissa saker är mer värda att fokusera på än andra. Epiktetos menade att vi bör skilja på det vi kan kontrollera och det vi inte kan. De saker vi inte har makt över, som andra människors handlingar eller livets oväntade händelser, borde vi inte lägga all vår energi på.”

Max nickade och rynkade pannan. “Så… han menade att vi bara ska fokusera på oss själva?”

“Delvis, ja,” sa Epic och lutade sig fram. “Men det handlar inte om att vara självcentrerad. Det handlar om att vara medveten om sin inre styrka och att inte låta yttre omständigheter rucka på ens inre frid. Epiktetos trodde att vi kunde finna en enorm frihet i att acceptera det vi inte kan förändra.”

Max tänkte efter ett ögonblick och mindes situationer där han själv hade stressat över saker han inte kunde påverka – som när han väntade på svar om ett jobb, eller när han försökte hålla relationer i balans trots att han inte kunde styra andra människors känslor. “Så stoikerna menade att vi inte ska låta oss påverkas av sådant?”

“Exakt,” sa Epic. “Seneca, en annan stoiker, menade att vi slösar enormt mycket energi på att oroa oss för saker som aldrig inträffar. Han ansåg att vi skapar lidande för oss själva genom att fantisera om alla möjliga katastrofer och problem, istället för att uppskatta nuet och det vi faktiskt har kontroll över.”

Max lutade sig tillbaka och funderade. “Det låter både klokt och svårt. Men… är det inte mänskligt att oroa sig? Hur kan vi bara släppa allt?”

Epic log. “Det är en övning, en disciplin. Marcus Aurelius, som var kejsare över Rom och ständigt omgavs av krig, förväntningar och politiska intriger, hade en enkel filosofi: att varje morgon påminna sig själv om att han inte kunde styra vad andra gjorde eller vad som hände i världen. Men han kunde styra hur han själv reagerade på det. Det var hans sätt att behålla lugnet trots att han levde ett extremt krävande liv.”

Max tog en klunk av sitt kaffe och nickade långsamt. “Så stoikerna menade att vi kan välja vår reaktion, även om vi inte kan välja situationen?”

“Precis,” svarade Epic. “Stoikerna kallade det för ‘apatheia’ – en inre frid där vi är fria från negativa känslor. Men det betyder inte att vi stänger av oss från världen, utan att vi lär oss att inte påverkas av det vi inte kan styra. Det handlar om att vara fullt närvarande och värdera det som verkligen betyder något.”

Max skrattade till, nästan lite nervöst. “Men hur vet jag vad som verkligen betyder något? Vad händer om jag fokuserar på fel saker?”

Epic lutade sig tillbaka, allvarlig nu. “Stoikerna trodde att det viktiga är att leva i enlighet med sina egna värderingar och vara sann mot sig själv. Om du följer din inre kompass och inte låter yttre omständigheter påverka din inre frid, då har du kommit väldigt långt. Marcus Aurelius skrev att om vi accepterar livet som det är och fokuserar på att göra det bästa av oss själva, så lever vi med mening.”

Max såg ut genom fönstret och log snett. “Det låter nästan för enkelt för att vara sant, men jag kan förstå lockelsen. Att inte fastna i världens alla problem utan bara försöka göra sitt bästa.”

Epic nickade. “Det är det som är deras visdom. Stoikerna påminner oss om att vi har begränsad tid och energi. Vi kan välja att slösa den på saker vi inte kan förändra, eller vi kan använda den till att växa och leva i nuet. Epiktetos sa en gång: ‘Det är inte vad som händer dig som är viktigt, utan hur du reagerar på det.’”

Max suckade och såg tankfull ut. “Det där är något jag skulle behöva öva på. Kanske börjar jag med att inte oroa mig för småsaker som jag ändå inte kan styra över.”

Epic log brett. “Det är en utmärkt start. Stoikerna trodde att om vi tar små steg varje dag för att bemästra vårt sinne och våra reaktioner, kan vi uppnå en inre frid som gör oss starkare. De kallar det att vara ‘stoisk’ – att vara lugn, behärskad och fri från onödigt lidande.”

Max tog ett djupt andetag och slappnade av i stolen. Kanske låg det något i stoikernas filosofi. Kanske handlade det inte alltid om att ha full kontroll, utan om att kunna släppa taget när det behövdes.

När Epic återvände till sin arbetsstation, funderade Max över samtalet. Stoikernas idéer om inre frid och att fokusera på det vi kan kontrollera kändes som något han kunde använda i sitt eget liv.

Tankevila

Stoiker som Epiktetos och Marcus Aurelius trodde på att behålla sitt lugn, oavsett vad som händer. De menade att vi inte kan kontrollera världen, bara hur vi reagerar på den. Ta ett ögonblick att fundera: Vad kan du inte kontrollera i ditt eget liv, och hur skulle det kännas att släppa behovet att försöka styra det?

Fundering: ”Att Släppa Kontroll”

Om du känner för det, tänk på något du försöker kontrollera men inte kan. Hur skulle det vara att acceptera det som det är?

Kapitel 7: Det Absurdas Uppror.

Max satt djupt försjunken i sina tankar på kaféet. Trots att han hade börjat förstå olika filosofers idéer om frihet och ansvar, kvarstod den stora frågan: Vad är meningen med allt detta? Han såg ut över det liv och de val som tycktes rulla på som ett ändlöst hjul. Epic, som observerade honom med ett lugnt leende, verkade ana frågan redan innan Max hann uttala den.

”Det känns ibland som om livet bara... pågår, utan något större syfte,” sa Max till slut. ”Är det verkligen allt? Är vi bara här, gör våra saker, och sedan… ja, är det över?”

Epic lutade sig framåt. ”Det låter som om du brottas med det som Albert Camus kallade ’det absurda’. Camus var en fransk filosof och författare som trodde att livet i grunden är meningslöst, men att vi ändå måste finna sätt att leva det fullt ut.”

Max såg fundersamt på Epic. ”Men om livet är meningslöst, varför ska vi ens försöka? Varför ska vi inte bara ge upp?”

”Bra fråga,” svarade Epic och log svagt. ”Camus menade att det absurda uppstår när vi försöker hitta mening i en värld som kanske inte har någon. Han liknade det vid myten om Sisyfos, som dömdes att rulla en sten uppför en kulle, bara för att se den rulla ner igen varje gång han nådde toppen.”

Max höjde på ögonbrynen. ”Jag har hört talas om det där. Sisyfos, han blev straffad av gudarna, va?”

”Precis,” sa Epic. ”Sisyfos hade trotsat gudarna och dömdes till detta eviga straff. För Camus blev Sisyfos en symbol för människans kamp mot det meningslösa. Det spelar ingen roll hur hårt Sisyfos jobbar – stenen rullar alltid ner igen, och han måste börja om från början.”

Max ryckte på axlarna. ”Det låter deprimerande. Hur kan det där vara något annat än hopplöst?”

Epic log svagt och skakade på huvudet. ”Det är här Camus’ unika perspektiv kommer in. Han menade att även om livet är som Sisyfos’ straff, så har vi ändå en möjlighet att göra något med det. Vi kan välja att acceptera det absurda – att livet inte har någon inneboende mening – och trots det välja att leva fullt ut. Camus såg det som ett slags trots mot meningslösheten, ett sätt att ta kontroll över sitt eget öde.”

Max såg förvirrad ut. ”Så han menade att Sisyfos skulle kunna vara… lycklig?”

”Ja, faktiskt,” svarade Epic. ”Camus menade att Sisyfos är lycklig just därför att han accepterar sitt öde. Han vet att stenen alltid kommer rulla ner igen, men han slutar att kämpa mot det. I stället väljer han att hitta glädje i själva handlingen, i att rulla stenen. Det är hans uppror – att inte låta meningslösheten vinna.”

Max rynkade pannan. ”Så Camus säger att vi ska acceptera att livet är meningslöst, men ändå leva som om det har mening?”

”Precis,” sa Epic och höjde sitt kaffeglas, som om han skålade med det absurda självt. ”Camus ansåg att det är genom att leva fullt ut, att skapa våra egna syften och njuta av de små stunderna, som vi ger livet en sorts mening. Det är inte en mening som kommer från någon högre makt eller universumets ordning, utan från oss själva.”

Max nickade långsamt, fortfarande förvirrad men ändå fascinerad. ”Så meningen med livet… är vad vi själva gör det till?”

”Exakt,” sa Epic. ”Camus trodde att vi kan hitta glädje och frihet i att skapa vår egen mening, även om vi vet att livet kanske i grunden är absurt. Att välja att leva, trots att det inte finns någon objektiv mening, är en form av mod – ett uppror mot det meningslösa.”

Epic tog en klunk kaffe och fortsatte. ”Camus menade också att vi borde leva så medvetet som möjligt. Om vi bara går genom livet på autopilot, missar vi de stunder som faktiskt kan ge oss glädje. Han uppmuntrade oss att vara närvarande och uppskatta det vi har, utan att bli fångade i tankar om framtiden eller förflutna.”

Max såg ut genom fönstret och funderade. ”Så om livet inte har någon större mening, handlar det i stället om att vara här och nu, och att bara… leva?”

”Ja, det är en del av det,” svarade Epic. ”Camus skulle säga att vi inte behöver ett högre syfte för att uppskatta livet. Det räcker att vara här och uppleva varje ögonblick fullt ut, att vara närvarande i de små glädjeämnena.”

Max stirrade ner i sin kaffekopp, tyst för ett ögonblick. ”Så Camus trodde inte att vi skulle försöka hitta en djupare mening, utan att vi bara… väljer att leva, trots allt?”

”Ja,” sa Epic. ”Han menade att livet inte behöver en högre mening för att vara värt att leva. Det är i vårt beslut att leva, att njuta av nuet och acceptera det absurda, som vi finner frihet. Det är ett val vi gör varje dag – att trotsa meningslösheten och skapa vår egen väg.”

Max kände ett märkligt lugn när han hörde detta. Det fanns en sorts frihet i tanken att han själv kunde bestämma vad som gav livet mening, utan att behöva söka en yttre bekräftelse.

Epic såg på Max med ett eftertänksamt leende. ”Camus kallade det för det ’absurda uppror’ – att fortsätta leva och hitta glädje i vardagen, trots att vi vet att livet inte nödvändigtvis har en djupare mening. Det är en handling av frihet, att säga ja till livet på våra egna villkor.”

Max log svagt, som om en ny förståelse höll på att ta form. ”Så i stället för att låta meningslösheten trycka ner oss, kan vi omfamna den? Känna att vi är fria att skapa vad vi vill av våra liv?”

”Precis,” sa Epic och höjde sitt glas i en symbolisk skål. ”Livet är absurt, men vi kan välja att vara lyckliga mitt i det. Som Sisyfos, kan vi finna glädje i varje stund, även om stenen rullar ner igen. Det är i valet att fortsätta som vi finner vår sanna frihet.”

Tankevila

Camus menade att livet är absurt, men att vi ändå kan finna glädje genom att skapa vår egen mening. Ta ett ögonblick att reflektera: Finns det något i ditt liv som ger dig glädje, även om det kanske inte har någon större mening? Hur skulle det kännas att bara njuta av det ögonblicket, utan att försöka hitta en djupare förklaring?

Fundering: ”Att Skapa Sin Egen Mening”

Om du känner för det, fundera över en enkel glädje i ditt liv. Hur skulle det vara att omfamna det ögonblicket, utan att ifrågasätta varför det är viktigt?

Kapitel 8: Att skapa sig själv.

Den här dagen kände Max en särskild energi när han gick mot kaféet. Hans samtal med Epic hade fått honom att reflektera över livet på ett sätt han aldrig gjort förut. Han började inse att det fanns fler perspektiv och valmöjligheter än han tidigare trott. När han kom in i kaféet såg han Epic bakom disken, upptagen med att förbereda en beställning, men så fort han såg Max log han brett och vinkade till honom.

"Ta plats, Max," ropade han. "Jag är med dig om en minut!"

Max satte sig och såg ut genom fönstret. Han undrade vad dagens samtal skulle handla om och hoppades att det skulle ge honom något att fortsätta reflektera över. När Epic äntligen satte sig mitt emot honom, höjde han ett ögonbryn och log.

"Redo för en ny tanke idag?" frågade Epic.

"Jag tror det," svarade Max och log tillbaka. "Det känns som att varje samtal gör mig mer medveten om mig själv."

"Perfekt," sa Epic och lutade sig framåt. "Dagens ämne handlar om att skapa sig själv. Vad tänker du när du hör det uttrycket?"

Max ryckte på axlarna. "Kanske… att man bestämmer sig för vem man vill vara? Att försöka nå sina mål och bli den bästa versionen av sig själv?"

Epic nickade. "Ja, och det är precis vad en filosof som Friedrich Nietzsche menade. Nietzsche trodde att vi alla har kraften att övervinna våra rädslor, tvivel och begränsningar för att skapa vårt eget liv. Han kallade detta för *viljan till makt* – men inte makt över andra, utan makt över sig själv."

Max såg fundersam ut. "Så han menade att vi ska… forma oss själva som vi vill? Men vad händer om man inte vet vad man vill?"

Epic skrattade mjukt. "Det är en bra fråga. Nietzsche menade att vi börjar med att identifiera vad som hindrar oss – våra rädslor, våra vanor, och de begränsningar vi tror att vi har. Han trodde att vi kan övervinna dessa hinder och bli den version av oss själva vi själva skapar. Han såg detta som en slags inre revolution."

Max lutade sig framåt, fascinerad. "Så han menade att vi själva bär ansvaret för att bli vad vi vill vara?"

"Ja," sa Epic och nickade. "Nietzsche ansåg att det inte finns någon förutbestämd mening eller roll som vi måste följa. I stället är vi fria att skapa vårt eget liv, att bli 'övermänniskor' som han kallade det. En övermänniska är någon som övervinner sina egna begränsningar och omfamnar sin fulla potential."

Max såg skeptisk ut. "Det låter nästan lite… självupptaget. Att fokusera så mycket på att bli 'bäst'?"

Epic log igen. "Det kan verka så, men Nietzsche menade att det inte handlar om att bli bättre än andra, utan om att bli bättre än den vi själva är just nu. Det är en resa inåt, ett sätt att ständigt växa och utvecklas, oavsett om det gäller ens yrke, relationer eller självkänsla."

Max tog en klunk av sitt kaffe och nickade långsamt. “Så det handlar om självutveckling? Men är det inte tröttsamt att ständigt kämpa för att förbättra sig?”

“Det kan vara det,” medgav Epic. “Men Nietzsche trodde att det är i denna kamp som vi finner mening. Att övervinna våra svårigheter och bli starkare är en process som ger livet värde. Han sa att ‘det som inte dödar oss gör oss starkare’. Den kampen kan vara smärtsam, men det är där vi upptäcker vår egen styrka och frihet.”

Max funderade ett ögonblick och lutade sig tillbaka. “Så han såg livet som en ständig utmaning? En kamp för att bli starkare och bättre?”

“Ja,” svarade Epic. “Nietzsche trodde att livet är fyllt av svårigheter, men att det är vårt val om vi ser dessa svårigheter som hinder eller som möjligheter att växa. Han trodde att vi kan välja att se motgångar som något positivt – en chans att lära oss något och att skapa vår egen mening.”

Max skrattade och skakade på huvudet. “Det låter ganska intensivt, men jag gillar tanken. Det är lite som att… se livet som en träningsbana?”

“Exakt,” sa Epic och log stort. “Nietzsche såg livet som en plats för att testa sin styrka och uthållighet. Han kallade det för ‘den stora hälsan’ – att kunna möta livets utmaningar med ett starkt och öppet sinne. Han trodde att de som vågar möta svårigheter utan att ge upp blir de mest levande, de som verkligen omfamnar livet.”

Max stirrade på sin kaffekopp och log snett. "Så han menade att vi ska omfamna kampen och se den som en del av livet? Men vad händer om man misslyckas? Om man känner sig för svag?"

Epic nickade förstående. "Nietzsche trodde att misslyckanden är en naturlig del av processen. Han såg det som en möjlighet att lära känna sig själv bättre. Varje motgång är ett steg på vägen mot att bli starkare och modigare. Det handlar om att ha modet att fortsätta även när saker och ting känns svårt."

Max andades djupt och såg ut genom fönstret. "Det är en ganska stor idé att ta in. Men det är något med tanken på att vi själva skapar vår mening, att vi kan välja hur vi ser på saker."

Epic log och lade en hand på bordet mellan dom. "Och det är precis det Nietzsche ville att vi skulle förstå – att vi själva har makten att forma våra liv. Det är en frihet, men också ett stort ansvar. Men om vi omfamnar det, kan vi verkligen känna oss levande."

När Epic gick tillbaka till sitt arbete satt Max kvar och funderade över samtalet. Han började inse att kanske är det inte livet i sig som formar honom, utan hur han själv väljer att forma sitt liv.

Tankevila

Nietzsche uppmanade oss att omfamna våra rädslor och att bli den vi verkligen är, att våga gå vår egen väg. Innan vi går vidare, ta en stund att reflektera: Finns det något hos dig själv som du undvikit att acceptera, något som gör dig unik men kanske skrämmande?

Fundering: ”Att Våga Vara Sig Själv”

Om du känner för det, fundera över en egenskap eller ett intresse som gör dig annorlunda. Hur skulle det vara att omfamna det fullt ut?

Kapitel 9: Hur vi tänker och varför.

Den här dagen kände Max sig ovanligt rastlös när han närmade sig kaféet. De senaste samtalen hade börjat röra vid något djupt inom honom, som en inre vilja att förstå sig själv på ett nytt sätt. När han steg in och såg Epic bakom disken kände han en viss lättnad. Som om dagens samtal skulle hjälpa honom att reda ut den här rastlösheten. Epic såg honom och vinkade, signalerade att han skulle komma över så snart han var klar med en beställning.

Max satte sig vid sitt bord, fylld av både nyfikenhet och en viss tveksamhet. Han undrade vad dagens ämne skulle handla om. När Epic slutligen satte sig mitt emot honom log han brett.

"Idag ska vi prata om hur vi tänker och varför vi känner som vi gör," började Epic. "Har du någonsin undrat varför vissa känslor och tankar verkar ta över helt utan att du kan kontrollera dom?"

Max nickade. "Ja, absolut. Ibland känner jag saker jag inte förstår, och tankarna bara rusar runt utan att jag vet varför."

"Det är precis vad David Hume och Baruch Spinoza tänkte mycket på," sa Epic. "Hume menade att våra känslor faktiskt är det som styr våra beslut, mer än logik och förnuft. Han sa att 'förnuftet är passionens slav' – att även om vi tror att vi är rationella, så är vi ofta påverkade av känslor utan att veta om det."

Max rynkade pannan. "Så han menade att vi inte är så logiska som vi tror?"

"Precis," sa Epic med ett leende. "Enligt Hume är våra tankar ofta mer påverkade av känslor än vi inser. Om vi till exempel är rädda eller oroliga, tenderar vi att tolka situationer som mer hotfulla än de faktiskt är. Våra känslor fungerar som en lins som färgar våra tankar.”

Max nickade långsamt och tog en klunk av sitt kaffe. “Så våra känslor styr mer än vi tror. Men hur kan vi veta när vi påverkas av dom?”

“Det är där Spinoza kommer in,” svarade Epic och lutade sig framåt. “Spinoza menade att vi kan bli friare om vi lär oss förstå våra känslor och varför de uppstår. Han såg känslorna som krafter som påverkar oss, men han trodde att genom att analysera och förstå dom kan vi bli mindre styrda av dom.”

Max såg fundersam ut. “Så om vi förstår våra känslor bättre, kan vi hantera dom bättre också?”

“Exakt,” sa Epic. “Spinoza trodde att vi kan lära oss att se våra känslor som naturliga reaktioner, ungefär som ett stormväder. Om vi förstår vad som orsakar stormen – i det här fallet en känsla som ilska eller rädsla – kan vi bättre förhålla oss till den utan att låta den helt ta över.”

Max log snett. “Så… känslorna är som ett väderfenomen, och vi kan välja hur vi ska reagera på dom?”

“Ja, på ett sätt,” sa Epic med ett leende. “Spinoza såg känslorna som en del av vår mänskliga natur. Han menade att genom att förstå varför vi känner som vi gör kan vi skapa ett mer balanserat sätt att tänka. Om vi till exempel förstår att vår oro över en viss situation kommer från en tidigare erfarenhet, kan vi kanske inse att oron inte är baserad på fakta utan på våra gamla minnen.”

Max lutade sig tillbaka och log tankfullt. "Det är intressant… Så det handlar om att observera sina egna känslor utan att bli helt uppslukad av dom?"

"Precis," sa Epic. "Spinoza kallade det för att se saker 'sub specie aeternitatis' – ur evighetens synvinkel. Om vi kan se våra känslor på avstånd och förstå deras orsaker, blir vi inte lika lätt fångade av dom. Vi kan börja agera mer utifrån vad vi vill, snarare än vad vi råkar känna i stunden."

Max nickade, djupt fundersam. "Så om jag känner mig frustrerad över något, kan jag kanske tänka efter varför jag känner så och om det faktiskt är relevant?"

"Exakt," sa Epic. "Hume skulle säga att känslan fortfarande påverkar dig, men Spinoza skulle uppmana dig att förstå den och se om det finns en annan väg att förhålla sig till den. Om du till exempel är frustrerad över något på jobbet, kanske det egentligen bottnar i en känsla av att inte bli uppskattad, snarare än det specifika problemet."

Max suckade och log lite. "Det låter som något jag definitivt behöver öva på. Att inte låta känslorna styra alla mina beslut."

Epic nickade. "Och det är precis vad både Hume och Spinoza ville uppmuntra oss till – att förstå våra känslor för att kunna agera mer medvetet. De såg att vi kan bli mer fria om vi inte låter våra känslor styra helt utan att vi reflekterar över dom."

Max stirrade på sitt kaffe, förlorad i tankar. "Det är intressant att tänka på känslorna på det sättet, som något vi kan förstå och hantera snarare än att bara bli överväldigad av dom."

Epic log och tog en klunk av sitt eget kaffe. “Precis. Det handlar inte om att stänga av sina känslor, utan om att förstå dom så att vi kan fatta beslut som är mer i linje med våra långsiktiga mål och värderingar.”

När Epic återgick till arbetet satt Max kvar, djupt försjunken i tankar. Han insåg att detta kunde bli ett användbart sätt att förstå sig själv bättre.

Tankevila

Spinoza menade att vi kan uppnå större frihet genom att förstå våra känslor och se varför de uppstår. Istället för att låta oss styras av dem, kan vi lära oss att observera våra reaktioner, som vi ser på en storm som passerar. Fundera ett ögonblick: Finns det någon känsla som du ibland känner dig styrd av? Vad skulle hända om du kunde se den på avstånd och förstå varför den uppstår?

Fundering: ”Att Förstå Sina Känslor”

Om du känner för det, reflektera över en känsla som ofta påverkar dig. Vad skulle förändras om du kunde se den som en naturlig reaktion – något du kan förstå och hantera, snarare än något som kontrollerar dig?

Kapitel 10: Naturlig godhet och samhällskritik

Max kände en växande insikt varje gång han gick mot kaféet. Han hade börjat märka saker omkring sig – hur människor betedde sig, hur de verkade ständigt upptagna och stressade. Det var som om världen hastade förbi, och han undrade alltmer vad som låg bakom deras stress och ambition. När han kom in på kaféet såg han Epic bakom disken, och som om han förväntat sig det, vinkade Epic till honom att komma närmare.

Max log och gick fram, och Epic hälsade honom med ett varmt leende. "Välkommen, Max! Är du redo för något annorlunda idag?"

"Det tror jag," sa Max och slog sig ner vid ett av borden, medan Epic tog med sig en kopp kaffe och satte sig mittemot honom.

"Idag tänkte jag att vi skulle prata om samhället," började Epic. "Och vad det egentligen gör med oss."

Max lutade sig framåt, intresserad. "Samhället? Menar du hur vi alla påverkas av varandra?"

"Ja," sa Epic och nickade. "Jean-Jacques Rousseau, en fransk filosof, hade en teori om att människan är naturligt god. Han trodde att vi från början har en oskyldighet, en enkel och god natur, men att det är samhället som korrumperar oss och tvingar oss in i roller och konkurrens."

Max såg förvånad ut. "Så han menade att vi föds goda, men att samhället förstör oss?"

“Ja, precis,” sa Epic. “Rousseau kallade det för ‘den ädle vilden’ – en människa som lever i harmoni med naturen, fri från de destruktiva aspekterna av samhälleliga regler och förväntningar. Han menade att det är först när vi börjar jämföra oss med varandra och konkurrera om makt, status och ägodelar som våra naturliga goda egenskaper går förlorade.”

Max rynkade pannan. “Så han menade att om vi lever isolerade från samhället, skulle vi vara bättre människor?”

“Ja och nej,” svarade Epic. “Rousseau trodde inte att vi behöver vara ensamma för att vara goda, men han menade att samhällsstrukturen ofta förvränger våra värderingar. Istället för att följa vår egen natur börjar vi anpassa oss till vad vi tror att andra förväntar sig av oss. Vi skapar ytliga behov och fokuserar på status och ägodelar, vilket drar oss bort från vårt sanna jag.”

Max tog en klunk av sitt kaffe och såg fundersamt på Epic. “Så han menade att vi blir olyckliga av att försöka leva upp till samhällets förväntningar?”

“Ja,” sa Epic och nickade. “Rousseau såg hur människor ständigt försökte anpassa sig till andras ideal i stället för att följa sitt inre. Han trodde att denna anpassning gör oss olyckliga och fjärmar oss från vår naturliga godhet. Vi blir i stället människor som är rädda för att misslyckas, som ständigt jämför oss med andra och försöker överträffa dom.”

Max suckade. “Det låter ganska deprimerande. Men vad ska vi göra åt det?”

Epic log vänligt. “Rousseau trodde att vi kan återfå något av den där naturliga godheten genom att omfamna enkelhet och autentiska relationer. Han uppmuntrade oss att reflektera över vad vi verkligen vill, bortom vad andra tycker. Han trodde på att följa sitt eget hjärta, att ha relationer som är ärliga och äkta och att inte låta materiella mål definiera vem vi är."

Max nickade och funderade över sitt eget liv. "Så han menade att vi skulle hitta en balans mellan oss själva och samhällets förväntningar?"

"Ja," sa Epic och lutade sig tillbaka. "Det handlar om att vara medveten om samhällets påverkan och att våga ifrågasätta den. Rousseau såg människans 'naturliga tillstånd' som ett ideal där vi är fria från samhällets påtryckningar. Men han förstod också att vi lever i en social värld, och att vi behöver anpassa oss till viss del. Nyckeln ligger i att behålla sin autenticitet, att vara trogen sina egna värderingar."

Max log och tittade ut genom fönstret. "Det är intressant. Jag har nog ibland tänkt att jag måste göra vissa saker för att passa in, men det kanske inte alltid är vad jag egentligen vill."

"Precis," sa Epic. "Rousseau skulle säga att du har rätt att välja din egen väg, även om den inte passar in i alla andras mallar. Han menade att sann frihet ligger i att vara trogen sitt eget jag och att inte låta sig kontrolleras av yttre förväntningar."

Max funderade på detta en stund. "Så han såg samhället som något vi måste balansera med vår egen vilja?"

"Ja," sa Epic. "Han kritiserade den moderna världen för att ha skapat en kultur av ytlighet och självupptagenhet. Rousseau såg att vi ofta låter samhällets syn på framgång forma oss, i stället för att leva efter våra egna idéer om vad som är meningsfullt. Han trodde att om vi vågar vara mer genuina och följa vår egen väg, så kan vi också inspirera andra att göra detsamma.”

Max tog en djup klunk av sitt kaffe och kände en viss lättnad. “Det känns som att han hade en poäng. Vi kanske inte alltid behöver följa samhällets mallar om vad som är rätt eller framgångsrikt.”

Epic log brett. “Och det är precis vad Rousseau skulle säga. Han såg världen som full av potential för naturlig godhet och menade att vi, genom att våga vara oss själva, kan skapa ett bättre och mer äkta samhälle. I slutändan handlar det om att leva efter det vi själva tror på och värderar, i stället för att ständigt försöka anpassa oss.”

När Epic gick tillbaka till disken satt Max kvar, funderade över vad de diskuterat och kände en oväntad lättnad. Han insåg att det kanske fanns mer frihet än han trott i att vara sann mot sig själv.

Tankevila

Rousseau såg oss som fria i grunden, men insåg att vi ofta formas och begränsas av samhällets förväntningar. Ta ett ögonblick att reflektera: Finns det områden i ditt liv där du agerar mer för att passa in än för att vara trogen mot dig själv? Hur skulle det kännas att försöka leva mer i enlighet med ditt eget autentiska jag?

Fundering: ”Att Leva i Enlighet med Sig Själv”

Om du känner för det, fundera över ett område där du känner att samhällets förväntningar påverkar dig. Vad skulle hända om du valde att följa dina egna värderingar i stället?

Kapitel 11: Friheten att Vara Sig Själv

Max satt som vanligt vid sitt kafébord, men idag kände han en viss rastlöshet. Samtalen med Epic hade fått honom att fundera mycket kring frihet och ansvar, men en fråga gnagde fortfarande: Var går gränsen mellan vår egen frihet och andras rätt att leva sina liv? Epic satte sig som vanligt mittemot honom, och Max tvekade inte att ta upp frågan.

"Epic, vi har pratat mycket om att hitta sin egen väg och vara fri att välja. Men hur mycket frihet är för mycket? Finns det ingen gräns?" Max såg på Epic med en rynkad panna.

Epic log milt och nickade. ”Det där är en fråga som den engelske filosofen John Stuart Mill också brottades med. Mill var en stark förespråkare för individuell frihet, men han trodde också på en viktig begränsning – det han kallade 'skadeprincipen'."

Max såg nyfiken ut. ”Skadeprincipen?"

”Ja," svarade Epic. ”Mill menade att vi ska vara fria att göra vad vi vill, så länge våra handlingar inte skadar andra. Han ansåg att var och en av oss har rätt att utforma vårt liv på vårt eget sätt, men att friheten har sina gränser där våra handlingar kan skada någon annan."

Max funderade ett ögonblick. ”Så Mill trodde att vi har rätt att göra vad vi vill… så länge det inte påverkar andra negativt?"

”Exakt," sa Epic. ”För Mill var frihet en rättighet som varje individ har, men han såg också att samhället har ett ansvar att skydda individer från att bli skadade av andras handlingar. Denna balans mellan frihet och skydd är en av hans mest kända idéer."

Epic fortsatte: ”Mill trodde också att individens frihet är en förutsättning för att vi ska kunna växa som människor. Han menade att om vi inte har friheten att välja vår egen väg, så kan vi inte heller utvecklas och hitta vår sanna identitet. Han trodde att det är genom våra egna erfarenheter, även de misstag vi gör, som vi lär oss och växer som människor.”

Max nickade långsamt. ”Så han ansåg att vi behöver frihet för att verkligen förstå oss själva och lära oss av livet?”

”Precis,” sa Epic. ”Mill såg friheten att tänka, tro och leva som vi vill som en viktig del av människans utveckling. Han menade att vi måste få pröva våra egna idéer och livsstilar för att kunna utvecklas. Att bara följa andras regler och förväntningar hindrar oss från att bli den vi verkligen är.”

Max lutade sig framåt och tänkte högt. ”Men betyder det att vi ska låta alla göra vad de vill? Att det inte finns några regler?”

Epic skrattade mjukt. ”Inte riktigt. Mill förstod att frihet måste ha gränser för att fungera i ett samhälle. Han trodde att lagar och regler är nödvändiga för att skydda människor från skada. Men han var också kritisk till alltför mycket inblandning från staten och samhället i individens privata liv. Mill trodde att vi borde få göra våra egna val, så länge de inte skadar andra.”

Max funderade över detta ett ögonblick. ”Så han såg frihet som något som är personligt, men han förstod också att vi lever tillsammans med andra?”

”Ja,” sa Epic. ”Mill såg samhället som en balans mellan frihet och ansvar. Han trodde att vi har ett ansvar för att inte begränsa andras frihet i onödan, men också att det är vårt eget ansvar att använda vår frihet klokt.”

Epic tog en klunk av sitt kaffe och fortsatte. ”Mill pratade också om modet att stå för sina egna åsikter och leva sitt liv på sitt eget sätt. Han såg individens frihet som en förutsättning för ett rikt och meningsfullt liv, men han visste också att det kräver mod att stå för sina val, särskilt när de går emot samhällets normer.”

Max tänkte efter. ”Så Mill menade att vi borde vara fria att leva våra liv, men att vi också måste våga vara oss själva och stå för våra val, även om det inte alltid är lätt?”

Epic nickade. ”Ja, han ansåg att det är vår frihet som gör livet rikt och att vi har ett ansvar att använda den friheten för att bli den bästa versionen av oss själva. Friheten att vara sig själv kräver också ett visst mod – ett mod att möta andras kritik och att våga gå sin egen väg.”

Max log lite, som om han började förstå hur viktigt det var att både ta vara på sin frihet och respektera andras. ”Så Mill trodde att friheten är både en rättighet och ett ansvar?”

”Precis,” sa Epic och höjde sitt glas i en symbolisk skål. ”Friheten att leva vårt eget liv är en värdefull gåva, men det är också ett ansvar gentemot oss själva och andra. Mill ville att vi skulle ha modet att vara fria och samtidigt vara ansvarsfulla i hur vi använder den friheten.

Tankevila

"John Stuart Mill trodde på individens frihet men också på ansvaret att inte skada andra. Ta ett ögonblick att reflektera: Vad betyder frihet för dig? Finns det något du gör för att uttrycka din frihet, eller kanske något som hindrar dig från att leva fullt ut?"

Fundering: ”Att Använda Sin Frihet Ansvarsfullt”

Om du känner för det, fundera över ett val som du gjort nyligen. Hur kan du uttrycka din frihet på ett sätt som är ansvarsfullt både för dig själv och andra?

Kapitel 12: Viljan och dess makt

Max kände en viss förväntan när han steg in i kaféet denna morgon. Efter veckor av samtal med Epic började han märka hur mycket de påverkat honom. Det var som om han börjat se på sig själv och sitt liv genom ett nytt filter, och han såg fram emot vad dagens samtal skulle ge. När han steg in såg han Epic bakom disken, som i samma stund fick syn på honom och nickade kort. Max slog sig ner och väntade, och efter en stund kom Epic över med sin egen kopp kaffe.

"Hej Max," sa han och log. "Dagens ämne är ett som fascinerar mig mycket: viljan och dess kraft över oss."

Max lutade sig fram, nyfiken. "Viljan? Menar du vår drivkraft eller våra mål?"

"Ja, men lite djupare än så," sa Epic. "Arthur Schopenhauer, en tysk filosof, ansåg att viljan är den mest grundläggande kraften i våra liv – den ligger bakom allt vi gör. Han menade att det är en kraft inom oss som driver oss att vilja ha mer, att nå våra mål, och att till och med kämpa för vår överlevnad."

Max nickade långsamt. "Så han menade att viljan är som en motor i våra liv?"

"Precis," svarade Epic. "Men Schopenhauer hade en ganska mörk syn på det hela. Han såg viljan som en kraft som aldrig blir nöjd. Vi vill alltid ha mer – mer lycka, mer framgång, fler upplevelser. Och när vi når något, söker vi genast efter något nytt. Viljan driver oss, men den gör oss också olyckliga, eftersom vi sällan känner oss tillfreds."

Max funderade över detta. “Så… han menade att vi är dömda till att alltid vilja mer och aldrig bli nöjda?”

“Ja,” sa Epic med ett litet leende. “Schopenhauer såg detta som en del av människans natur, och han trodde att en del av vårt lidande kommer från just denna outtömliga vilja. Han menade att om vi kan försöka släppa taget om våra ständiga begär och önskningar, kan vi kanske nå en viss form av inre frid.”

Max tog en klunk av sitt kaffe och nickade långsamt. “Det låter lite som stoikernas idé att inte låta sig påverkas av saker man inte kan kontrollera. Men Schopenhauer verkar… lite mörkare.”

“Precis,” sa Epic. “Men Schopenhauers idé om viljan är bara en del av dagens ämne. Senare, i början av 1900-talet, kom en psykoanalytiker vid namn Sigmund Freud, som byggde vidare på tanken om att vi har krafter inom oss som vi inte alltid förstår eller kan styra. Freud såg människans inre som uppdelat i olika lager, där viljan och drifterna utgjorde en stor del av vårt omedvetna.”

Max rynkade pannan. “Omedvetna? Menar du att vi inte alltid är medvetna om vad vi vill?”

“Ja, exakt,” sa Epic. “Freud trodde att vi har många tankar och känslor som vi inte är medvetna om, men som ändå påverkar våra handlingar. Han menade att vi ofta döljer sidor av oss själva – rädslor, önskningar, trauman – i vårt omedvetna. Och att dessa dolda krafter kan styra vårt beteende på sätt vi inte förstår.”

Max såg fundersam ut. “Så han menade att vi inte alltid har kontroll över oss själva?”

"Precis," svarade Epic och nickade. "Freud trodde att vi har inre drifter, som aggression och sexualitet, som kan påverka oss utan att vi inser det. Han såg dessa drifter som en del av vår natur, och att vi ständigt måste balansera dom för att kunna fungera i samhället. Det är en kamp mellan våra medvetna mål och de omedvetna krafter som vill något helt annat."

Max stirrade ner i sin kaffekopp, djupt försjunken i tankar. "Så om vi styrs av krafter vi inte är medvetna om… vad kan vi göra åt det? Är vi fast i detta?"

Epic log och lutade sig tillbaka. "Freud menade att genom att förstå våra omedvetna tankar och känslor kan vi få en viss frihet. Han kallade det för 'insikt' – att lära känna sig själv på djupet. Det kan vara smärtsamt att gräva fram det som döljs i vårt omedvetna, men han trodde att genom att förstå dessa dolda krafter kan vi lära oss att hantera dom."

Max nickade långsamt. "Så Freud menade att vi kan bli friare genom att förstå oss själva bättre?"

"Ja," sa Epic. "Det är lite som att ha en karta över sin egen inre värld. Ju mer vi förstår oss själva, desto mer kan vi styra över våra handlingar. Men Freud var noga med att poängtera att vi aldrig helt kan kontrollera våra drifter. De är en del av oss, men vi kan lära oss att leva med dom på ett sätt som inte förstör våra liv."

Max tog en klunk av sitt kaffe och såg ut genom fönstret. "Det är intressant… att tänka på sig själv som en blandning av medvetna och omedvetna krafter. Det får en att inse att det finns mer inom en än vad man kanske trott."

"Exakt," sa Epic. "Schopenhauer och Freud ville båda påminna oss om att vi inte alltid är så rationella eller förnuftiga som vi tror. Men genom att förstå vår vilja och våra omedvetna krafter kan vi börja styra våra liv på ett mer medvetet sätt."

När Epic gick tillbaka till disken satt Max kvar och funderade över det han just hört. Han insåg att kanske fanns det sidor av honom själv som han inte fullt ut förstått.

Tankevila

Schopenhauer såg livet som en ständig kamp, där viljan driver oss att alltid vilja mer. Fundera ett ögonblick: Vad driver dig framåt? Finns det något du längtar efter som du känner att du aldrig riktigt når?

Fundering: "Drivkraft och Längtan"

Om du känner för det, tänk på något du ständigt strävar efter. Vad betyder det för dig, och skulle något förändras om du slutade sträva efter det?

Kapitel 13: Modet att Välja

Max satt djupt försjunken i sina tankar vid kafébordet när Epic närmade sig, med sin karakteristiska kopp kaffe i handen och ett nyfiket leende på läpparna.

”Du verkar väldigt fundersam,” sa Epic till slut och satte sig mittemot Max.

Max nickade långsamt. ”Ja jag inser hur mycket energi jag lägger på att försöka styra sådant som är utanför min kontroll. Men när jag släpper det… vet jag inte riktigt vad jag ska fokusera på istället.”

Epic log. ”Det är en bra iakttagelse. Att släppa kontrollen är ett steg, men det är också viktigt att fundera över vad vi faktiskt vill i våra liv – och att ha modet att välja det.”

Max höjde ett ögonbryn. ”Modet att välja?”

”Ja,” sa Epic och lutade sig tillbaka. ”Det får mig att tänka på Søren Kierkegaard, en dansk filosof som levde på 1800-talet. Kierkegaard pratade om existentiellt mod och om att våga välja, även när det innebär att vi tar risker. Han menade att livet är en serie av val, och att det största modet är att våga välja det vi verkligen vill, även om det känns osäkert.”

Max såg fundersam ut. ”Men varför skulle det kräva mod? Jag menar, vi gör ju val varje dag.”

Epic nickade. ”Det är sant, men Kierkegaard talade om något djupare än de vardagliga valen. Han menade att de riktigt betydelsefulla valen – de som påverkar våra liv på ett djupt plan –

kräver att vi går in i det han kallade 'ångestens paradox'. Att vi ställs inför valet mellan trygghet och det okända."

Max tänkte en stund. "Så han menade att vi ibland måste välja det osäkra för att leva autentiskt?"

"Exakt," sa Epic och lutade sig framåt. "Kierkegaard såg ångesten som en naturlig del av att vara människa. Han menade att ångest uppstår när vi står inför möjligheten att verkligen påverka våra liv genom våra val. Det är som en påminnelse om att vi har frihet – men också att frihet innebär ansvar. Att välja är att vara modig, eftersom vi då öppnar oss för konsekvenserna."

Max suckade djupt och såg ner i sin kaffekopp. "Men om vi alltid står inför ångesten när vi ska välja, hur ska man kunna leva ett stabilt liv?"

"Kierkegaard skulle säga att det är själva valet som gör livet meningsfullt," svarade Epic. "Han såg modet att välja som en del av att leva autentiskt. Att våga stå för sin egen väg, även när det är svårt. Kierkegaard trodde att många människor fastnar i konformitet – att vi följer vad vi tror att vi 'borde' göra för att det känns tryggare, men det gör oss bara tomma inombords."

Max nickade långsamt. "Det där känner jag igen… Att göra vad som förväntas i stället för det jag faktiskt vill."

Epic log milt. "Precis. Kierkegaard skulle uppmuntra dig att bryta dig loss från det som känns tryggt och välja det som verkligen betyder något för dig, även om det skrämmer dig. Han menade att om vi väljer utan att lyssna på vår egen sanning, så är vi bara skuggor av oss själva."

Max lutade sig tillbaka och stirrade ut genom fönstret, förlorad i tankar. ”Men är det inte riskabelt att gå sin egen väg, särskilt om det går emot vad andra förväntar sig?”

Epic nickade och lade händerna i kors. ”Jo, men Kierkegaard skulle säga att friheten att välja också innebär modet att ta ansvar för konsekvenserna. Att leva autentiskt innebär att våga stå fast vid sina val och acceptera att de kommer med ett pris. Men det är ett pris värt att betala om det leder till ett liv som känns verkligt för dig.”

Max såg ut över kafét och log svagt. ”Det låter… både skrämmande och befriande.”

”Det är just det,” sa Epic och höjde sin kopp i en skål. ”Modet att välja är en av de största utmaningarna vi står inför, men det är också det som gör livet meningsfullt. Att stå upp för sig själv, även när vägen är osäker, är en del av att vara människa. Kierkegaard menade att vi aldrig kan få garantier, men vi kan hitta en mening i att välja det vi verkligen vill.”

Epic fortsatte: ”Kierkegaard pratade också om ’enskildheten’ – idén att vi till sist är ensamma i våra mest avgörande val. Han trodde att ingen annan kan välja åt oss när det gäller det som betyder mest. Vi måste gå vår egen väg, även om vi ibland känner oss ensamma i våra beslut.”

Max såg förvånad ut. ”Så han menade att ingen annan kan fullt ut förstå de val vi står inför?”

”Exakt,” svarade Epic. ”Att välja är något djupt personligt. Det är en resa vi alla måste göra själva, även när det känns skrämmande eller ensamt. Men det är också där vi hittar oss själva. Genom våra val blir vi de vi är.”

Max satt tyst ett ögonblick och lät orden sjunka in. ”Det låter svårt, men samtidigt… känns det befriande att ingen annan kan avgöra vad som är rätt för mig.”

Epic nickade. ”Det är Kierkegaards insikt. Livet är en möjlighet för var och en av oss att upptäcka vår egen väg. Och även om det innebär risker, så är det genom att ta dem som vi verkligen lever.”

Tankevila

”Kierkegaard såg modet att välja som en av de största gåvorna och utmaningarna i livet. Ta en stund att reflektera: Finns det ett val du står inför som känns skrämmande men viktigt? Vad skulle du välja om du verkligen följde din egen väg?”

Fundering: ”Att Våga Välja”

Om du känner för det, tänk på något du vill välja men tvekar inför. Vad hindrar dig från att ta steget? Hur skulle det kännas att våga, även utan garantier?

Kapitel 14: Frihetens Ansvar

Max satt sitt vanliga kafébord och stirrade ut genom fönstret. Han funderade över deras senaste samtal om modet att välja. Trots att tanken på att välja sin egen väg var spännande, kunde han inte låta bli att undra hur hans val påverkade andra.

Epic dök upp med sitt vanliga leende och en kopp kaffe. ”Fundersam igen, Max?”

Max skrattade kort. ”Ja, det här med att välja själv, att våga följa sin egen väg… det är en sak. Men jag kan inte låta bli att tänka på hur mina val påverkar andra. Hur fri kan jag egentligen vara utan att ta hänsyn till andra människor?”

Epic nickade. ”Bra fråga. Det här är något som Simone de Beauvoir, en viktig tänkare inom existentialismen, också funderade över. Hon menade att frihet alltid kommer med ansvar – både för oss själva och för andra.”

Max såg nyfiket på Epic. ”Vad menade hon med det? Att vi ansvarar för andras val också?”

”Inte precis,” svarade Epic och satte ner sin kopp. ”De Beauvoir menade att vår frihet är tätt sammanflätad med andras frihet. Hon trodde att vi inte kan vara fria om vi bara ser till oss själva. Varje val vi gör påverkar andra människor på något sätt, direkt eller indirekt. Så för henne innebar sann frihet att vara medveten om hur våra handlingar formar världen omkring oss.”

Max lutade sig tillbaka. ”Så hon menade att jag måste tänka på andra när jag gör mina val?”

Epic log. ”Ja, men inte på ett sätt som begränsar dig. Snarare som en påminnelse om att din frihet och ditt ansvar är sammanlänkade med andras. För de Beauvoir handlade frihet inte bara om att göra vad man vill, utan om att skapa en värld där andra också kan vara fria.”

Max såg fundersamt på Epic. ”Men det känns komplicerat. Jag menar, om jag hela tiden ska tänka på hur mina val påverkar andra, finns det något kvar av min egen frihet då?”

”Det är precis den balans de Beauvoir talade om,” sa Epic med ett eftertänksamt uttryck. ”Hon ansåg att friheten är meningsfull först när vi använder den ansvarsfullt. Hon såg friheten som en moralisk plikt – att sträva efter att agera på ett sätt som tillåter andra att vara fria, inte bara oss själva.”

Max nickade långsamt, som om han smälte tanken. ”Det låter… stort. Jag menar, varje gång jag väljer något påverkar jag alltså andra, oavsett om jag vill eller inte?”

”Ja, och det är just därför de Beauvoir ansåg att friheten inte bara är en rättighet utan en moralisk skyldighet,” sa Epic. ”Hon trodde att våra handlingar skapar världen vi lever i, och att vi därför har ett ansvar att agera på ett sätt som respekterar andras frihet.”

Max funderade. ”Men hur vet jag vad som är rätt? Hur vet jag att mina val är rättvisa mot andra?”

”Det är en del av det ansvar de Beauvoir pratar om,” svarade Epic och tog en klunk av sitt kaffe. ”Det kräver att vi ständigt är medvetna om våra egna handlingar och hur de påverkar andra. För henne var det inte en enkel lösning, utan en pågående moralisk resa. Friheten är aldrig statisk; den kräver att vi reflekterar och tar ansvar, att vi växer och lär oss av våra misstag.”

Max suckade djupt och stirrade ner i sin kaffekopp. ”Det känns som om frihet är mycket mer komplext än jag trodde. Jag har alltid tänkt på det som något personligt, men nu verkar det vara något mycket större.”

”Exakt,” sa Epic med ett lugnt leende. ”De Beauvoir menade att friheten är meningslös om den inte innefattar ett ansvar för att bygga en bättre värld. Om vi bara agerar utifrån vår egen vilja, utan att tänka på andra, så begränsar vi också deras möjligheter att vara fria.”

Max såg upp, nu med ett mer beslutsamt uttryck. ”Så om jag vill vara verkligen fri, måste jag också vara villig att ta ansvar för hur mina val påverkar andra.”

Epic nickade. ”Precis. De Beauvoir uppmuntrar oss att vara modiga nog att vara fria, men också att ha styrkan att ta ansvar för den friheten. Det är en balans – en pågående process där vi växer både för oss själva och för andra.”

Epic tittade på Max och fortsatte: ”De Beauvoir menade att den här insikten ger friheten en djupare mening. Att ta ansvar för sin frihet är att erkänna att vi har makten att påverka världen och människorna i den. Att vi inte bara är enskilda individer, utan delar av ett större sammanhang.”

Max tog in det och lutade sig framåt, tydligt engagerad. ”Så friheten handlar om att bidra till något större än mig själv? Som att vara en del av ett kollektivt ansvar?”

”Ja,” sa Epic. ”Det är en frihet som sträcker sig bortom oss själva. Friheten kan då bli en handling av kärlek och respekt för världen och de människor vi delar den med. Det handlar inte om att begränsa våra möjligheter, utan om att förstå att våra handlingar ger ringar på vattnet.” Max log svagt, en insikt började ta form i honom. ”Det ger mig en annan syn på frihet. Att inte bara se det som min rätt att välja, utan också som ett sätt att skapa något positivt för andra.”

Tankevila

Simone de Beauvoir såg friheten som en moralisk plikt, något som innebär att ta ansvar för våra handlingars påverkan på andra. Ta ett ögonblick att reflektera: Hur påverkar dina val andra människor i ditt liv? Vad skulle det innebära att välja med deras frihet i åtanke?

Fundering: ”Att Ta Ansvar för Sin Frihet”

Om du känner för det, fundera över ett val du nyligen gjort. Hur påverkade det andra? Vad skulle förändras om du valde med deras välmående i åtanke?

Kapitel 15: Den inre resan och att hitta sitt högre jag

Max hade på senare tid märkt en djupare förändring inom sig. Samtalen med Epic hade givit honom nya perspektiv på hur han kunde se på livet och på sig själv, och han hade börjat känna en växande längtan att komma ännu närmare sin egen inre sanning. När han steg in på kaféet undrade han vilken ny dörr Epic skulle öppna på glänt den här dagen.

När Epic kom över till Max med sin kopp kaffe såg han en eftertänksamhet i Max's blick. Han satte sig mittemot honom och log med en liten glimt i ögonen.

"Max," började han. "Idag tänkte jag att vi skulle prata om en resa som du redan börjat – den inre resan."

Max såg nyfiken ut. "Inre resa? Menar du meditation eller något i den stilen?"

"Delvis," sa Epic. "Men kanske något ännu djupare. Jag tänkte berätta om Paul Brunton, en brittisk filosof som reste världen över för att förstå olika visdomstraditioner och som blev inspirerad av tanken på ett 'högre jag' – ett sätt att se sig själv och världen genom ett djupare, mer medvetet perspektiv."

Max lutade sig framåt. "Högre jag? Vad menade han med det?"

"Brunton menade att vi alla bär på ett inre djup, en källa av insikter och medvetande som vi ofta inte är i kontakt med," förklarade Epic. "Han kallade detta för det högre jaget – en inre kärna som är mer i samklang med sanningen, med en känsla av fred och visdom. För att nå den här kärnan behöver vi tystna våra tankar och börja lyssna inåt."

Max nickade långsamt. "Så han menade att vi kan lära känna oss själva på en djupare nivå, bortom vårt vanliga tankesätt?"

"Exakt," sa Epic och log. "Brunton trodde att vi alla kan hitta en sorts högre medvetenhet om vi är villiga att söka inom oss själva. Genom meditation, självreflektion och introspektion kan vi nå en plats där våra vanliga bekymmer och tankar börjar tystna, och där vi kan höra vårt eget inre mer klart."

Max såg fundersam ut. "Det låter lite som att hitta en ny sorts klarhet, bortom allt brus."

"Precis," sa Epic. "Brunton brukade säga att den här inre tystnaden, när vi verkligen når den, är full av insikter. Han trodde att vi kan komma i kontakt med ett slags intuitivt vetande som vi bär inom oss – och att detta vetande är vad som kan vägleda oss genom livets utmaningar på ett mer autentiskt sätt."

Max tog en djup klunk av sitt kaffe och funderade. "Så om jag vill hitta mitt högre jag, vad skulle jag behöva göra?"

Epic lutade sig tillbaka och såg allvarligt på honom. "Brunton menade att det handlar om att börja med tystnad och att våga möta sig själv. Genom att sitta stilla och observera sina egna tankar, utan att döma eller försöka styra dom, kan man börja skala bort lager efter lager av yttre påverkan. Och när vi når ett tillstånd av verklig tystnad, kan vi börja höra den djupare rösten inom oss."

Max nickade långsamt, som om han kände igen något i de orden. "Det låter nästan som att man lär sig att känna sig själv på ett nytt sätt, som att man hittar sitt sanna jag."

"Ja," sa Epic. "Brunton trodde att vi alla har ett inre djup som vi oftast inte känner till. Men han trodde också att det här djupet kan bli en sorts inre vägledning för oss, en väg till både förståelse och fred. Om vi lär oss att lyssna på det, kan vi också förstå oss själva och världen på ett nytt sätt – som om vi ser allt från en högre perspektiv."

Max satt tyst en stund, nästan förlorad i tankar. "Det är nästan som om man har ett slags kompass inom sig, som kan visa vägen när man känner sig vilsen."

"Precis," sa Epic med ett varmt leende. "För Brunton handlade det inte om att fly från världen eller våra problem, utan om att möta den med ett öppnare sinne. Han menade att vi kan finna sanning och styrka genom att lära känna oss själva på ett djupare plan – och att den här sanningen kan hjälpa oss att hantera livets utmaningar på ett mer fridfullt och balanserat sätt."

Max andades djupt och såg ut genom fönstret. "Det låter som en resa som kan pågå hela livet."

"Ja," sa Epic. "Det är en resa utan slut. Men det är också en resa som ger djup mening. Att lära känna sitt högre jag är att alltid vara i kontakt med en inre källa av styrka och frid, något som kan hjälpa oss att vara autentiska och närvarande i varje stund."

Max nickade långsamt och kände en djup känsla av ro. "Tack, Epic. Det här är nog något jag kommer bära med mig."

När Epic reste sig för att återgå till arbetet satt Max kvar vid sitt bord och kände en ovanlig klarhet. Han kände att han hade fått ett fantastiskt verktyg för att utforska sitt inre jag.

Tankevila

"Paul Brunton menade att självinsikt och inre frid är vägarna till att finna sann mening i livet. Han trodde att vi alla har en inre verklighet, som vi kan nå genom att stilla våra sinnen och se bortom vardagens distraktioner. Fundera en stund: Vad skulle det innebära för dig att vända dig inåt och utforska ditt eget inre landskap? Finns det något du söker, som du ännu inte funnit inom dig själv?"

Fundering: "Att Vända Sig Inåt"

Om du känner för det, ta en stund i stillhet idag och reflektera över dina inre tankar och känslor. Hur skulle det vara att utforska det du kanske ännu inte känner till om dig själv? Vad skulle du kunna upptäcka om du såg på dig själv med samma nyfikenhet som på världen utanför?

Kapitel 16: Balans och att möta livet som det är

Det var en ovanligt kylig morgon när Max gick mot kaféet, men inombords kände han ett varmt lugn. Han hade kommit långt sedan de första samtalen med Epic – det var som om varje ämne hade hjälpt honom att släppa något som hållit honom tillbaka. Nu kände han sig redo för vad som helst, och han såg fram emot att få ytterligare en stund av visdom från Epic.

När han kom in i kaféet såg han Epic bakom disken. Han log när han fick syn på Max och gick över till hans bord med sin vanliga kopp kaffe.

"God morgon, Max," sa Epic. "Redo för en sista reflektion?"

Max log. "Så detta blir vårt sista samtal då. Jag kommer sakna det vet jag redan nu. Jag har känt att varje samtal har gett mig något nytt att bära med mig. Men jag blir nyfiken på hur du tänker sammanfatta allt det här."

Epic lutade sig tillbaka och tog en klunk kaffe innan han började. "Alla de stora tänkarna vi pratat om har något gemensamt – en tro på att vi kan finna mening och ro, inte genom att kontrollera världen, utan genom att förstå och acceptera oss själva och livet som det är."

Max nickade. "Ja, jag har märkt det. Det är som om de alla talar om en slags balans mellan att vara öppen för livet och samtidigt hålla fast vid det som är viktigt för oss."

"Precis," sa Epic. "Den balansen är kanske det mest värdefulla vi kan finna. Marcus Aurelius talade om att acceptera det som är utanför vår kontroll och fokusera på vårt inre lugn. Paul Brunton påminde oss om att vi kan hitta svaren inuti oss själva om vi bara lyssnar. Och så många andra vi pratat om har erbjudit oss verktyg för att se världen med klarare ögon."

Max såg fundersam ut. "Men om jag verkligen ska leva så... vad skulle det innebära för mig i praktiken?"

Epic log. "Det handlar om att vara närvarande i varje stund och att inte låta dig svepas med av yttre omständigheter. Det betyder att lita på dig själv, att våga vara autentisk och att möta livet med ett öppet sinne. Balansen ligger i att ha styrka att stå kvar i stormen men också flexibiliteten att följa med den när det behövs."

Max tog en djup klunk av sitt kaffe och kände sig plötsligt ovanligt lättad. "Det låter som att allt jag lärt mig är att leva ett enkelt liv, men på ett djupare sätt."

"Precis så" sa Epic. "Filosofin är egentligen inte så komplicerad. Det är en påminnelse om att vara oss själva, att våga ifrågasätta och att hitta ro i osäkerheten. Vi behöver inte ha alla svar, bara modet att möta frågorna med ett öppet hjärta."

Max satt tyst en stund och kände en djup tacksamhet. "Jag tror att jag nu verkligen har verktyg för att möta vad som än kommer. Och jag vet att jag inte behöver ha alla svar – jag kan bara vara här och leva varje ögonblick som det är."

Epic reste sig långsamt och såg på Max med ett vänligt leende. "Det är allt någon av oss kan göra, Max. Att vara närvarande och att lita på att vi har allt vi behöver inom oss."

Max nickade och reste sig också. Han sträckte ut handen, och Epic tog den med ett stadigt grepp. "Tack för allt, Epic. Jag tror att du förändrat mitt liv."

Epic log varmt och släppte hans hand. “Tack själv, Max. Och glöm aldrig – resan är din egen. Jag var bara här för att visa dig vägen.”

När Max gick ut ur kaféet den dagen, kände han en stark frihetskänsla. Han visste att livet skulle fortsätta att vara osäkert, att världen fortfarande kunde vara kaotisk och full av frågor. Men nu kände han att han hade en inre kompass, en klarhet som skulle hjälpa honom att navigera genom allt som kom hans väg.

Tankevila

Efter att ha utforskat så många olika filosofiska perspektiv, kanske en viktig fråga återstår: Vilka idéer har verkligen berört dig? Filosofin erbjuder inga definitiva svar, men den kan öppna dörrar till nya sätt att se på livet och sig själv. Kanske kan en insikt vara att vägen till mening är din egen att skapa.

Fundering: "Att Skapa Sin Egen Väg"

Ta en stund och reflektera över alla de tankar och insikter du mött. Vilka idéer känns mest relevanta för dig i ditt eget liv? Vad skulle det innebära att leva utifrån dessa insikter och skapa din egen mening, medvetet och närvarande?

Översikt av filosofiska idéer och dess skapare:

Den här översikten är tänkt som en påminnelse och ett stöd för att enkelt kunna återvända till de viktigaste insikterna från varje filosof. Med några korta reflektioner erbjuder den en väg till vidare eftertanke, så att du själv kan utforska hur dessa idéer kan berika ditt liv och inspirera till nya sätt att tänka och vara. I bokstavsordning:

Albert Camus (1913-1960)

Kärnidé: Camus utvecklade filosofin om det absurda och menade att livet i grunden är utan objektiv mening. Vi människor söker ständigt mening, men världen ger oss inga definitiva svar. Trots denna meningslöshet trodde Camus att vi kan välja att leva fullt ut, genom att acceptera livets absurditet och skapa vår egen mening. Han kallade detta för "det absurda uppror."

Reflektion: Fundera över en situation i ditt liv där du sökt efter mening eller svar utan att hitta något tydligt. Hur skulle det kännas att acceptera att livet inte alltid ger svar – och istället skapa mening utifrån det du själv värdesätter?

Aristoteles (384 f.kr.-322 f.kr)

Kärnidé: Sträva efter lycka genom balans. Aristoteles menade att ett gott liv handlar om att hitta balans mellan överdrifter och brister.

Reflektion: Tänk på en situation där du kan behöva hitta en bättre balans. Hur kan du skapa ett mer harmoniskt förhållande till dina vanor, tankar och känslor?

Arthur Schopenhauer (1788–1860)

Kärnidé: Viljan driver oss, men den kan också skapa lidande. Schopenhauer såg vår vilja som en aldrig sinande kraft som driver oss att söka, även när vi inte är nöjda.

Reflektion: Vad är du ständigt på jakt efter? Kan du lära dig att leva med viljan utan att låta den skapa oro? Hur kan du finna frid mitt i ditt sökan

Baruch Spinoza (1632–1677)

Kärnidé: Lev i harmoni med naturen och din egen plats i världen. Spinoza såg världen som en enhet, där allt och alla är sammanlänkade. Han menade att vi kan finna frid genom att förstå och acceptera vår plats i det större sammanhanget.

Reflektion: Vad är din relation till naturen och världen runt dig? Hur kan du leva mer i samklang med både dina egna värderingar och med omgivningen?

David Hume (1711-1766)

Kärnidé: David Hume menade att all vår kunskap kommer från erfarenheter och sinnesintryck. Han ifrågasatte dock hur säkra vi kan vara på våra slutsatser om världen, eftersom våra sinnesintryck bara ger oss en subjektiv upplevelse av verkligheten.

Reflektion: Humes idéer utmanar oss att fundera på hur mycket vi verkligen kan veta. Vi bygger ofta våra beslut och övertygelser på erfarenheter, men vad händer om dessa erfarenheter inte alltid speglar sanningen?

Epikuros (ca 341 f.kr.- 270 f.kr)

Kärnidé: Sann lycka är enkel. Epikuros ansåg att glädje inte kräver materiellt överflöd, utan snarare en förmåga att njuta av enkla nöjen och goda relationer.

Reflektion: Vad i ditt liv kan du förenkla för att känna mer glädje? Vad gör dig lycklig, på riktigt?

Epiktetos (ca. 50-135 e.kr.)

Kärnidé: Epiktetos, en av de stora stoikerna, trodde att sann frihet ligger i att acceptera vad vi inte kan kontrollera och fokusera på vad vi faktiskt kan påverka – nämligen våra tankar, attityder och reaktioner.

Reflektion: Finns det något i ditt liv som du ofta känner att du vill förändra, men som ligger utanför din kontroll?
Hur skulle det kännas att släppa taget om det och istället fokusera på hur du förhåller dig till det?

Friedrich Nietzsche (1844-1900)

Kärnidé: Nietzsche uppmanade människor att omfamna sina inre styrkor och bli den de verkligen är, trots samhällets normer. Han trodde på en individuell och självskapad mening, där vi måste övervinna våra rädslor och begränsningar för att leva autentiskt och modigt.

Reflektion: Finns det något inom dig som du undvikit att acceptera – en egenskap eller ett intresse som gör dig unik? Hur skulle det kännas att fullt ut omfamna detta och våga gå din egen väg?

Immanuel Kant (1724-1804)

Kärnidé: Handla alltid efter principer som skulle kunna bli allmänna lagar. Kant såg moralen som universell och ansåg att vi har ett ansvar att göra gott för alla, inte bara för oss själva.

Reflektion: Tänk på en situation där du kan agera med integritet och omtanke. Hur kan du handla på ett sätt som skulle gynna både dig själv och andra?

Jean-Jacques Rousseau (1712-1778)

Kärnidé: Rousseau trodde att människor föds fria och oskyldiga, men att samhället och dess strukturer ofta förvränger och begränsar vår frihet. Han menade att vi kan hitta tillbaka till ett mer autentiskt och naturligt sätt att leva genom att följa vår egen inre kompass och värna om vår frihet och individualitet.

Reflektion: Finns det något område i ditt liv där du känner att du anpassar dig mer än du önskar? Vad skulle det innebära för dig att leva mer autentiskt, utan att styras av andras förväntningar?

Jean-Paul Sartre (1905-1980)

Kärnidé: Sartre var en ledande figur inom existentialismen och hävdade att människan är "dömd till frihet." Han menade att vi alltid har val och att vi själva ansvarar för våra handlingar, vilket ger oss full frihet men också ett stort ansvar. Sartre ansåg att vi måste skapa vår egen mening i en värld utan förutbestämd mening.

Reflektion: Tänk på ett område i ditt liv där du ofta känner att du inte har något val. Vad skulle förändras om du såg det som ett resultat av dina egna val? Hur kan du använda friheten att skapa en väg som känns äkta och meningsfull för dig?

John Stuart Mill (1806-1873)

Kärnidé: Frihet är att följa sin egen väg, så länge vi inte skadar andra. Mill trodde på individens rätt att göra egna val men också på ansvaret att respektera andras frihet.

Reflektion: Hur kan du uttrycka din frihet samtidigt som du respekterar andras gränser? Finns det något du kan göra för att skapa större frihet både för dig själv och för andra?

Marcus Aurelius (121-180 e.kr.)

Kärnidé: Fokusera på det du kan kontrollera. Som stoisk kejsare påminde Marcus Aurelius sig själv dagligen om att det enda vi har makt över är våra egna tankar och handlingar.

Reflektion: Nästa gång du känner dig stressad, fråga dig själv: Är detta något jag kan kontrollera? Hur kan du hitta lugn genom att fokusera på det du har makt över?

Paul Brunton (1898-1981)

Kärnidé: Självkännedom leder till djupare förståelse och harmoni. Brunton såg meditation och introspektion som nycklar till att förstå sitt högre jag och finna frid.

Reflektion: Ta en stund varje dag för att vända blicken inåt. Vad upptäcker du när du sitter i stillhet och lyssnar på dig själv? Finns det en djupare röst inom dig som kan vägleda dig?

Platon (ca. 428 f.kr.-348 f.kr)

Kärnidé: Upptäck idévärlden. Platon menade att den sanna verkligheten finns bortom det vi kan se och uppleva. Hans grottliknelse påminde oss om att många av våra uppfattningar bara är skuggor av en djupare sanning.

Reflektion: Vad i ditt liv kan vara en "skugga" som du behöver se bortom? Fundera över vad som är ytligt och vad som kan vara mer meningsfullt.

René Descartes (1596-1650)

Kärnidé: Jag tänker, alltså finns jag. Descartes ansåg att det enda vi verkligen kan vara säkra på är vårt eget medvetande. Genom att ifrågasätta allt fann han trygghet i sitt eget tänkande.

Reflektion: Nästa gång du tvivlar, fokusera på din egen förmåga att tänka och reflektera. Hur kan du skapa säkerhet och lugn genom att lita på din egen tankekraft?

Seneca (ca. 4 f.kr.-65 e.kr.)

Kärnidé: Vi lider mer i våra tankar än i verkligheten. Stoikern Seneca menade att vi kan leva mer fridfullt genom att acceptera livets osäkerheter och inte låta oss överväldigas av oro för framtiden.

Reflektion: Vad oroar du dig för just nu? Vad kan du acceptera och släppa taget om för att känna större sinnesro?

Simone de Beauvoir (1908-1986)

Kärnidé: De Beauvoir såg friheten som sammanlänkad med ansvar. Hon menade att våra val inte bara påverkar oss själva utan även andra, och att vi har en moralisk plikt att agera på ett sätt som skapar en värld där alla kan vara fria.

Reflektion: Fundera över en situation där dina handlingar påverkar andra. Hur skulle det kännas att fatta beslut utifrån en tanke på deras välmående och frihet, inte bara ditt eget?

Sokrates (ca. 470 f.kr.-399 f.kr)

Kärnidé: Ställ frågor, utmana dig själv och våga ifrågasätta. Sokrates menade att ett "outforskat liv inte är värt att leva" och uppmanade oss att söka efter sanning och självinsikt genom ständiga frågor.

Reflektion: Tänk på ett område i ditt liv där du kan ställa fler frågor för att förstå dig själv bättre. Vad behöver du veta för att leva ett mer medvetet och autentiskt liv?

Søren Kierkegaard (1813-1855)

Kärnidé: Kierkegaard menade att det verkliga modet i livet handlar om att våga välja sin egen väg, även när det innebär risker och osäkerhet. Han såg valet som ett uttryck för vår frihet, men också något som innebär en ensamhet och ångest. För honom är det i dessa svåra val som vi finner vår autentiska mening.

Reflektion: Tänk på en situation där du står inför ett beslut som känns skrämmande men viktigt. Vad skulle det innebära att välja det som verkligen betyder något för dig, även om det innebär osäkerhet?